PÉDAGOGIE PRATIQUE À L'ÉCOLE

ACTIVITÉS NUMÉRIQUES À LA MATERNELLE

DES SITUATIONS POUR MAÎTRISER LES COMPÉTENCES

DE L'ANALYSE DIDACTIQUE À L'ACTE PÉDAGOGIQUE

Alain DESCAVES
Sylvie VIGNAUD

HACHETTE
Éducation

Les auteurs :
Alain Descaves est professeur à l'IUFM d'Aquitaine.
Sylvie Vignaud est professeur des écoles et maître formateur à l'IUFM d'Aquitaine.

Couverture : Domino
Réalisation : *CMB* Graphic

ISBN : 978-2-01-171026-0

SOMMAIRE

SECONDE PARTIE
LES CONDITIONS DES APPRENTISSAGES NUMÉRIQUES À LA MATERNELLE

INTRODUCTION

Dès l'école maternelle, les enfants ne sont pas tous égaux. Certains disposent déjà de connaissances qui leur assurent une réussite facile et rapide. D'autres ne savent pas, se trompent, ne comprennent pas ce que l'on attend d'eux. Mais ils comprennent bien, en revanche, qu'ils ne répondent pas à l'attente de l'école : ils peinent, souffrent, se dévalorisent peu à peu aux yeux des autres, perdent confiance et se construisent progressivement l'identité d'élèves en difficulté, rebelles ou passifs, agités ou rêveurs. Si l'école faillit à sa tâche, les différences de capital culturel présentes chez les jeunes enfants créent les inégalités scolaires.

Quels apprentissages et quelle pédagogie mettre en place pour rompre avec ce déterminisme ? Comment permettre à chaque enfant de s'inscrire dans un projet de développement personnel ressenti comme libre et nécessaire, tout en le plaçant en position d'acteur de la société, dans un cadre contraint et obligatoire, celui de l'institution École qui fixe un projet d'apprentissage ? Plusieurs voies sont évidemment possibles mais, pour chacune d'entre elles, **la problématique du sens doit être centrale et servir de guide**. Le défi consiste à rendre possible l'apprentissage du sens afin d'en optimiser la probabilité, tout en donnant du sens à l'acte d'apprendre.

Le sens se construit en situation, c'est-à-dire en relation avec des milieux matériels évolutifs, choisis avec soin par l'enseignant, et dans des interactions multiples entre les acteurs de la relation pédagogique (l'enseignant et les pairs). Il se construit au contact et par l'appropriation d'une culture préexistante à l'enfant et qui s'impose par ses codes, mais aussi dans la constitution d'une culture vivante, d'un ensemble commun de valeurs, de pratiques sociales et de représentations propres à cette microsociété que constitue la classe. Il se construit, enfin, par l'acquisition de savoirs, de savoir-faire et d'attitudes, sans laquelle la liberté de pensée et d'action reste impossible, et par l'acquisition de compétences qui permet le passage progressif vers la vie sociale adulte, par la reconnaissance des adultes.

Permettre aux élèves de l'école maternelle – dont il convient de ne pas oublier que ce sont aussi des enfants – « **d'aller au-devant du défi**

(d'apprendre), à la rencontre de la surprise (explorer), à la recherche de l'intrigue (questionner) afin de précéder l'intelligence (comprendre)[1] » est une mission enthousiasmante pour l'enseignant. « Ne pas décider à l'avance de la limite des capacités d'un enfant, ni de ses sources d'intérêt, ni de ses besoins, ne pas fixer *a priori* son cheminement, mais lui procurer l'environnement et les exercices nécessaires à ses expériences multiples et à son développement[2] » est l'attitude de respect que l'enseignant doit à l'élève.

Il y a en effet deux manières de pratiquer l'élitisme. L'une, triviale, consiste à sélectionner les meilleurs en utilisant des critères préétablis par l'école. L'autre, plus insidieuse, consiste, sous prétexte de faire réussir tous les élèves, à sous-estimer leurs capacités et leurs potentialités en abaissant l'exigence des objectifs. **Viser le maximum pour chacun et non le minimum pour tous** doit être au cœur de l'éthique enseignante et d'une pédagogie de la réussite, qui ne peut s'obtenir qu'en donnant du pouvoir aux élèves. Mais cela ne consiste pas uniquement à leur donner la parole et à organiser des interactions, comme le postule trop souvent certaines interprétations d'un modèle socioconstructiviste des apprentissages non défini scientifiquement. L'enseignant doit aussi et d'abord être en relation étroite avec chaque enfant : **animer, relancer, parler, provoquer le mystère, l'énigme et l'émerveillement, motiver, introduire une dimension ludique, jouer le rôle de « passeur, de guide, d'éveilleur**[3] **»**. Tels sont les principes qui sous-tendent la réflexion et l'organisation didactiques proposées dans cet ouvrage concernant les apprentissages numériques à l'école maternelle.

Il s'agit d'une tentative : proposer une trame d'apprentissages s'inscrivant dans les objectifs des nouveaux programmes de l'école maternelle, fondée sur les dernières recherches en didactique des mathématiques, en psychologie cognitive et en sémiotique et, bien sûr, avant tout, sur l'expérience pratique. L'élève acquiert les savoirs, les savoir-faire et les attitudes nécessaires à la maîtrise des compétences figurant dans les programmes au travers d'activités diversifiées : situations évoluant par la modification de variables didactiques, situations fonctionnelles qui se présentent dans la vie de la classe, jeux mathématiques associés, activités ritualisées, évaluations.

---

1. F. Conne, *in L'Éducateur*, n° 9, 2006.
2. R. Cohen, *L'Apprentissage précoce de la lecture : à six ans, est-il déjà trop tard ?*, PUF, coll. « Pédagogie d'aujourd'hui », 1992.
3. M. Serres, *Le Tiers instruit*, Gallimard, coll. « Folio essais », n° 199, 1992.

Ce livre se veut d'abord le témoignage d'une double expérience :
– celle d'une enseignante, devenue également formatrice en IUFM, dont la pratique réflexive s'est constamment renouvelée grâce à l'analyse des faits au regard de multiples éclairages théoriques;
– celle d'un formateur d'enseignants en didactique des mathématiques dont la réflexion centrale, éclairée par l'extrême richesse des pratiques enseignantes, porte depuis de nombreuses années sur l'apprentissage du sens et le sens des apprentissages.

Il est le résultat de la rencontre de deux enseignants qui croient indéfectiblement en la mission de l'école pour réduire les inégalités sociales, pour contribuer au développement personnel des individus ainsi qu'à la formation de futurs citoyens responsables, sans fermer prématurément les portes aux vocations dont l'institution doit favoriser la révélation. L'objectif n'est pas de fournir une progression préétablie à l'avance, mais bien une trame qui détermine le cadre d'un scénario qui reste à inventer par chaque enseignant, chaque année, en fonction des conditions concrètes qui se renouvellent sans cesse.

PRÉSENTATION DE L'OUVRAGE

Inscrire son action dans le cadre des programmes nécessite de déterminer leurs objectifs et de les replacer succinctement dans une évolution historique. Cet ouvrage propose une **analyse des nouveaux programmes** parus en 2002 (voir p. 14), qui placent désormais les activités mathématiques dans un domaine plus global : « Découvrir le monde ».

La conception, la programmation, la mise en œuvre, l'animation, la régulation et l'évaluation de situations d'apprentissage nécessitent différents éclairages théoriques. Afin d'aider les enseignants de l'école maternelle à mieux cerner les conditions des apprentissages numériques, ce livre propose quelques éléments théoriques fondés sur la recherche scientifique : didactique des mathématiques, théories des apprentissages, psychologie cognitive, sémiotique, épistémologie des mathématiques (voir la partie 2). Chaque éclairage est assorti de ses conséquences concernant les apprentissages.

• Éclairages concernant les apprentissages numériques :
– les nombres entiers naturels (aspects ordinal et cardinal) ;
– quantité et quotité ;
– les actes constitutifs de l'activité mathématique ;
– énumérer, dénombrer, désigner ;
– nombres, langue et langage ;
– des réseaux de signification aux structures de sens.

• Éclairages concernant l'organisation des apprentissages :
– les différents modes d'apprentissage ;
– permettre la maîtrise des compétences par l'acquisition de savoirs, de savoir-faire et d'attitudes ;
– les situations didactiques construites *a priori* ;
– les rituels et les activités ritualisées ;
– les jeux mathématiques ;
– les situations fonctionnelles ;
– évaluer ;
– les obstacles à l'apprentissage ;
– la gestion de l'hétérogénéité.

Les programmes fixent les compétences devant être acquises en fin d'école maternelle. Elles constituent un référentiel pour le maître. L'ouvrage propose des situations d'apprentissage organisées autour de chacune des huit compétences relatives aux quantités et aux nombres, ainsi que des activités complémentaires et transversales (voir la partie 1).

L'acquisition de chaque compétence se fonde sur :
– la mise en œuvre d'une situation didactique dont l'évolution, autour d'un même milieu et par la modification de variables, permet l'acquisition progressive, tout au long du cycle, de savoirs, de savoir-faire et d'attitudes nécessaires à la maîtrise de la compétence;
– des jeux mathématiques associés qui permettent d'exercer la compétence dans le cadre d'activités motivantes et ludiques dont l'enjeu est de gagner; les élèves réinvestissent et stabilisent leurs connaissances par l'élargissement de leur expérience;
– l'investissement de la compétence dans des situations fonctionnelles qui trouvent leur origine dans la vie de la classe;
– des fiches d'évaluation en relation avec les situations abordées.

Concevoir et programmer des situations d'apprentissage de manière cohérente dans le cadre d'un même cycle est une contrainte de l'institution, mais aussi une nécessité pour un cursus des élèves réussi. Concernant les apprentissages numériques, l'ouvrage propose une trame pour le cycle qui fixe un cadre à partir duquel chaque équipe, chaque enseignant, peut inventer, réinventer et réguler le scénario de la mise en œuvre des situations en fonction des conditions concrètes qui ne manquent pas de se modifier chaque année.

INSCRIRE SON ACTION DANS LE CADRE DES PROGRAMMES

L'école maternelle a profondément évolué depuis 1945, aussi bien dans sa structure et ses finalités, que dans ses objectifs et ses démarches. Concernant les apprentissages mathématiques, les différents textes et circulaires sont aussi le témoin de la modification régulière des orientations générales fixées par le ministère de l'Éducation nationale.

L'évolution de la place des mathématiques à l'école maternelle

Jusqu'en 1977, dans les classes enfantines puis à l'école maternelle, il s'agit d'exercer les élèves à compter, à pratiquer le calcul mental jusqu'à dix, à comprendre la formation de la dizaine, à connaître la numération écrite jusqu'à 100 (limitée à 50 en 1952). Mais les apprentissages sont fondés sur la mémorisation systématique et l'automatisation et n'ont guère de sens : la simple récitation de la comptine numérique et la connaissance automatisée de l'algorithme de la suite des écritures des nombres ne suffisent pas à attribuer au nombre toutes les significations nécessaires pour lui donner sens aussi bien en tant qu'objet qu'en tant qu'outil. On peut toutefois retenir de cette période la volonté de transmettre très tôt aux jeunes élèves une culture mathématique qui est le fruit d'une longue construction historique et sociale, en particulier le système oral et le système écrit de numération décimale. Les concepts mathématiques ne sont pas étudiés pour eux-mêmes, mais en référence à une réalité culturelle dans laquelle la mathématique est inscrite par convention.

La circulaire de 1977 fixe une pédagogie par objectifs dans le cadre d'une pédagogie de l'éveil et de l'activité : les objectifs sont définis en termes de savoir-faire. En mathématiques, il s'agit de privilégier la construction de structures logiques (classements et rangements) en s'inspirant des travaux du psychologue Jean Piaget (psychologie du développement cognitif). La circulaire tient compte des apports des mathématiques modernes et intègre les apports des mouvements pédagogiques qui ont œuvré pour la reconnaissance et le développement de l'école maternelle et de sa spécificité. On se focalise sur les savoir-faire en relation avec l'activité du sujet. On privilégie la construction des structures logiques au détriment de l'étude du nombre. On postule que l'apprentissage ne peut précéder le développement. La progression des apprentissages doit emprunter un long chemin allant de la manipulation à la symbolisation. L'appropriation d'une culture mathématique n'est déjà plus un préalable, mais une visée à long terme. La prise en compte du développement personnel de chaque enfant par l'école maternelle constitue certainement le fait marquant de cette période. Une autre idée prévaut : celle d'enseigner dès le début de la scolarisation la généralité mathématique. Faire agir l'élève sur le réel afin de l'amener à en marquer symboliquement les transformations et à y lire les structures mathématiques profondes, devient la finalité principale.

La circulaire de 1986 replace les mathématiques dans le cadre des activités scientifiques et techniques. La résolution de problèmes devient centrale dans l'apprentissage. Il s'agit de proposer des situations où les notions apparaissent comme des réponses à des problèmes. Après avoir promu une pédagogie de l'activité, puis une pédagogie par objectifs, le ministère intervient pour la mise en œuvre d'une pédagogie différenciée, dans le cadre d'une pédagogie de la réussite. On ne cherche plus à faire émerger les structures mathématiques, mais à développer la maîtrise des procédures.

À partir de 1991, le ministère de l'Éducation nationale organise la scolarité en cycles. La Grande Section de maternelle appartient à la fois au cycle des apprentissages premiers et à celui des apprentissages fondamentaux.

Les programmes de 1995 proposent une approche nouvelle des mathématiques à l'école maternelle. Il s'agit de permettre aux élèves d'acquérir des compétences par la résolution de problèmes.

Les mathématiques dans les programmes de 2002

La nouveauté des programmes de 2002 consiste à replacer les activités mathématiques dans le cadre de la découverte du monde. Le programme renforce explicitement la spécificité des démarches propres à l'école maternelle. À ce stade, l'élève ne construit pas les savoirs mathématiques selon une progression linéaire définie à l'avance. La construction des connaissances s'effectue au rythme de l'élève dans le cadre de situations d'enseignement/d'apprentissage riches, référées à de multiples contextes et liées à des fonctionnalités diverses.

Comme le soulignent les textes officiels, si le programme ne comporte ni partie mathématique, ni autres parties disciplinaires, il est toutefois possible de repérer dans la rubrique « Découverte du monde » des propositions d'activités et des compétences qui trouveront un prolongement dans les apprentissages mathématiques ultérieurs. Les enfants n'attendent pas le cycle 2 pour utiliser un mode de pensée mathématique et commencer à élaborer leurs premières connaissances dans ce domaine.

Pour connaître et maîtriser le monde, il faut apprendre à agir sur lui. Les mathématiques rendent compte d'abord d'actions exercées sur certaines réalités par un langage spécifique, par des symbolisations qui permettent de mémoriser, d'anticiper, de simuler.

Apprendre les mathématiques, c'est apprendre à se laisser surprendre par l'organisation mathématique du monde et essayer d'en comprendre les raisons, c'est-à-dire les structures. C'est apprendre à expérimenter et à observer les faits mathématiques (numériques ou géométriques).

Apprendre les mathématiques ne consiste pas uniquement à résoudre des problèmes types, mais aussi à résoudre des problèmes pour lesquels on ne dispose pas de solution toute faite, à imaginer des stratégies, à construire des procédures, à oser inventer et accepter les faits qui choquent la croyance. Résoudre des énigmes, c'est-à-dire trouver un objet caché (résultat ou solution), relève de ce besoin profond de relever des défis, de développer son pouvoir sur le monde.

Apprendre les mathématiques consiste également à entrer dans une culture partagée. Les mathématiques sont déjà là. S'approprier les référents culturels mathématiques présents dans la société (comptine numérique, suite des nombres écrits), c'est devenir adulte.
Apprendre les mathématiques, c'est s'approprier une culture faite de savoirs, de savoir-faire, de techniques, c'est s'inscrire dans un avenir.

Apprendre les mathématiques consiste également à développer des capacités de discernement, des méthodes pragmatiques, à savoir argumenter et convaincre ses interlocuteurs des certitudes que l'on a acquises, à savoir interroger pour comprendre. Les apprentissages mathématiques contribuent à la maîtrise de la langue.

Dès l'école maternelle, les apprentissages mathématiques s'inscrivent dans ces différentes finalités. L'enfant découvre certains aspects du monde qui l'entoure, tout en s'appropriant une réalité particulière : celle des objets mathématiques.

Les textes de référence

Découvrir le monde[1]

Approche des quantités et des nombres
« Le bébé déjà distingue des quantités. Toutefois, lorsque l'enfant commence à parler, même s'il utilise très tôt des noms de nombres, ces derniers ne sont pas nécessairement reliés à l'idée de quantité et l'activité de dénombrement peut rester longtemps difficile.

À l'école maternelle, l'enfant peut être confronté à des problèmes portant sur des quantités. Pour des tâches de comparaison, d'égalisation, de distribution, de partage, il fait appel à une estimation perceptive et globale (plus, moins, pareil, beaucoup, pas beaucoup), plus tard à la correspondance terme à terme ou à la quantification. Il faut cependant rester prudent, en particulier avec les plus jeunes, dans la mesure où l'apparence des collections domine encore sur la prise en compte des quantités.

Progressivement, dans les diverses occasions offertes par la vie de la classe, dans les jeux ou pour résoudre les problèmes posés par le maître, l'enfant élargit l'éventail des procédures de résolution en même temps qu'il s'approprie de nouveaux outils pour dénombrer les collections d'objets :
- reconnaissance du nombre d'objets dans de petites collections par une perception instantanée (reconnaissance directe de « trois », sans nécessairement compter « un, deux, trois ») ;
- comparaison de collections à des collections naturelles (par exemple, reconnaissance de « cinq » comme quantité qui correspond à celle des doigts de la main) ou à des collections repères (nombres de places autour de la table, constellations du dé...) ;
- dénombrement en utilisant la comptine parlée qui est progressivement fixée et complétée.

À l'école maternelle, il s'agit de donner du sens aux nombres par leur utilisation dans la résolution de problèmes articulés avec des jeux, des situations vécues, mimées ou racontées oralement. Ces problèmes sont choisis pour que les nombres y apparaissent comme des outils efficaces pour :
- comparer des quantités, les mémoriser ;
- mémoriser et communiquer des informations sur les quantités, sous forme orale ou écrite, les écrits étant d'abord ceux produits par les élèves, puis les écritures chiffrées habituelles ;
- réaliser une collection ayant autant, plus ou moins d'objets qu'une autre collection ;
- comparer certaines dimensions des objets en utilisant un objet intermédiaire ;
- repérer des positions dans une liste ordonnée d'objets ;
- hiérarchiser des séries en utilisant la comptine numérique.

À la fin de l'école maternelle, l'enfant est également confronté à des problèmes où les nombres peuvent être utilisés pour anticiper le résultat d'une action sur des quantités (augmentation, diminution, réunion, distribu-

1. Extraits des *Programmes de l'école primaire*, *BOEN* hors-série n° 1 du 14 février 2002.

tion, partage) ou sur des positions (déplacements en avant ou en arrière). La résolution de problèmes rencontrés ne nécessite pas le recours au formalisme mathématique (+, –, =). Celui-ci sera introduit à l'école élémentaire.

Le plus souvent, à l'école maternelle, les nombres sont « dits ». Leur écriture est progressivement introduite à partir des propositions des enfants dans des activités de communication. Une première correspondance est établie entre désignations orales et écritures chiffrées, par exemple en utilisant une file numérique ou un calendrier. Le nécessaire apprentissage de la suite des noms des nombres relève d'une mémorisation qui peut être aidée par le recours à des comptines chantées, mais il ne doit pas intervenir prématurément. Il faut garder à l'esprit qu'apprendre la suite orale des nombres n'est pas « apprendre à compter » et ne suffit pas pour dénombrer une quantité qui dépasse les possibilités de reconnaissance globale. La pratique du comptage nécessite, en effet, une mise en correspondance des mots (« un », « deux », « trois »...) avec les objets de la collection, sans oubli d'aucun objet et sans compter plusieurs fois le même objet. Celle-ci ne devient possible et rigoureuse que progressivement et suppose, en particulier, la prise de conscience du fait que le dernier mot prononcé permet d'évoquer la quantité tout entière (et pas seulement de désigner le dernier objet pointé).

L'ordre de grandeur des quantités qui interviennent dans les activités dépend à la fois des compétences travaillées et des problèmes posés. Si, dans des problèmes où, par exemple, il s'agit de déterminer le résultat d'un ajout d'objets à une collection, les quantités doivent rester modestes ; dans d'autres cas (comparaison de collections par exemple), elles peuvent être nettement plus importantes. Il appartient à l'enseignant de faire les choix appropriés aux objets visés. »

Compétences devant être acquises en fin d'école maternelle

« Être capable de :
– comparer des quantités en utilisant des procédures non numériques ou numériques ;
– réaliser une collection qui comporte la même quantité d'objets qu'une autre collection (visible ou non, proche ou éloignée) en utilisant des procédures non numériques ou numériques, oralement ou avec l'aide de l'écrit ;
– résoudre des problèmes portant sur les quantités (augmentation, diminution, réunion, distribution, partage) en utilisant les nombres connus, sans recourir aux opérations usuelles ;
– reconnaître globalement et exprimer de très petites quantités (de un à trois ou quatre) ;
– reconnaître globalement et exprimer de petites quantités organisées en configurations connues (doigts de la main, constellations du dé) ;
– connaître la comptine numérique orale au moins jusqu'à trente ;
– dénombrer une quantité en utilisant la suite orale des nombres connus ;
– associer le nom des nombres connus avec leur écriture chiffrée en se référant à une bande numérique. »

Vers les mathématiques : quel travail en maternelle[1] ?

« Le programme pour l'école maternelle ne comporte ni parties mathématiques, ni autres parties disciplinaires. Cependant, il est possible de repérer dans la rubrique "Découverte du monde" des propositions d'activités et des compétences qui trouveront un prolongement dans les apprentissages mathématiques ultérieurs. En effet, les enfants n'attendent pas le cycle 2 pour utiliser un mode de pensée mathématique et commencer à élaborer leurs premières connaissances dans ce domaine.

Approche des quantités et des nombres
Les études récentes en sciences cognitives soulignent que dès son plus jeune âge, l'enfant manifeste des compétences relatives aux quantités et à leur expression par des nombres (exprimés oralement). Elles mettent également en évidence que, dans la conquête de l'outil numérique, l'acquisition de la chaîne numérique verbale (la suite orale des nombres) et son usage dans les processus de quantification jouent un rôle déterminant. Pour l'essentiel, la chaîne numérique orale comme les diverses procédures de quantification (reconnaissance immédiate de très petites quantités, comptage un par un, estimation) s'acquièrent entre deux et six ans, c'est-à-dire pendant la période de scolarité maternelle qui joue donc un rôle décisif.

Les compétences indiquées dans le programme sont des compétences de fin d'école maternelle. Certaines d'entre elles sont construites beaucoup plus tôt. Les commentaires qui suivent fournissent des indications pour aider les enseignants à repérer les apprentissages possibles à différents moments de l'école maternelle. En effet, ceux-ci se construisent dans la durée et chaque enfant développe ses compétences à son propre rythme. Dans le domaine numérique tout particulièrement, l'enseignant doit être attentif aux progrès et aux difficultés de chacun, car les connaissances des enfants évoluent selon des rythmes très différenciés.

• En Petite Section
Par les activités et les jeux qu'il fréquente, au travers de ses premières interrogations ou de celles de l'enseignant, l'enfant commence à élaborer l'idée de quantité. Celle-ci se traduit d'abord par des oppositions entre « pareil » et "pas pareil" ou entre "beaucoup" et "pas beaucoup". Progressivement, l'apparence des collections devient moins prégnante, notamment lors d'activités dans lesquelles il faut opérer une distribution, apparier des objets, comparer des quantités ("un peu, beaucoup"). Ces activités nécessitent le recours à des compétences utiles dans la pratique du dénombrement (en particulier la correspondance terme à terme). Les enfants sont confrontés à des situations dans lesquelles il faut prendre autant d'objets qu'il y a de doigts montrés ou de points sur un gros dé (les quantités étant limitées en fonction des compétences de chacun, à trois par exemple) ou dans lesquelles il faut dire le nombre associé à une petite quantité... La verbalisation "miroir" par l'enseignant des actions menées par l'enfant contribue à la prise de conscience des effets de ses actes et à la mémorisation des mots-nombres. Les procédures utilisées sont à ce moment très variées, selon les élèves et en fonction de la taille des objets : correspondance effective ou par pointage, reconnaissance globale...

1. MEN, *Document d'accompagnement des programmes*, « Mahématiques », CNDP, 2005.

Les premiers éléments de la comptine numérique orale peuvent déjà être mis en place, au moins jusqu'à cinq ou six, pour une grande majorité des élèves, par imitation ou avec l'aide de l'adulte. Son utilisation pour dénombrer de petites quantités (supérieures à trois) commence à se développer. Pour cela, l'utilisation des doigts, pour pointer les objets comptés comme pour afficher des quantités, joue un rôle important. Une première fréquentation de comptines et de livres à compter peut être envisagée pour aider à cette mémorisation indispensable de la suite orale des nombres, même si elle ne garantit pas que les enfants soient capables d'utiliser la comptine qu'ils connaissent pour dénombrer. L'utilisation autonome des nombres ne relève pas essentiellement d'activités rituelles (récitation de la suite des nombres, comptage des absents...), mais d'actions qui ont du sens pour l'enfant et qui lui font prendre conscience que dénombrer est efficace pour dénombrer une quantité. Le dénombrement de petites quantités est déjà possible, les procédures pouvant varier d'un enfant à l'autre : reconnaissance perceptive ou comptage un par un. Dans ce dernier cas, tous les enfants ne sont pas encore capables de reconnaître que le dernier mot prononcé lors du comptage des objets exprime la quantité tout entière.

À quatre ans, la plupart des enfants n'ont pas encore pris conscience des règles de fonctionnement de la chaîne orale et de ses particularités linguistiques. L'apprentissage reste essentiellement centré sur l'oral, ce qui n'interdit pas l'utilisation des écritures chiffrées par l'enseignant, mais ni leur écriture par les élèves, ni leur reconnaissance ne sont des objectifs à ce moment de l'école maternelle.

• En Moyenne Section

Une nouvelle étape peut être franchie. Ainsi, pour comparer deux collections (éventuellement éloignée l'une de l'autre) ou pour réaliser une collection qui a autant d'objets qu'une collection éloignée, l'enfant peut utiliser des procédures variées : estimation (pour des quantités nettement différentes), “image mentale” globale pour de très petites collections, recours à une collection intermédiaire (doigts, dessin), partition de la collection en sous-collections facilement dénombrables, expression de la quantité par un “mot-nombre”... Le vocabulaire “plus que, moins que, autant que” se met en place. Le dé à points ordinaire (à six points) peut être utilisé dans des jeux nécessitant de constituer des collections ou de se déplacer sur une piste. Les représentations des nombres avec les doigts sont valorisées (affichage direct d'un nombre ou affichage par dénombrement un à un). D'autres illustrations des nombres par des quantités sont utilisées, en ne se limitant pas aux constellations usuelles.

À cet âge, la comptine orale des nombres peut être étendue de façon importante, pour une grande majorité d'enfants, au moins jusqu'à 12 ou 15 (éventuellement de façon accompagnée pour des nombres dont le nom est difficile à mémoriser, notamment pour les nombres entre 11 et 16). Les comptines et les livres à compter (utilisation et fabrication) jouent leur rôle dans cette mémorisation.

L'usage de la suite orale des nombres pour le dénombrement de collections (en particulier de plus de trois ou quatre éléments) se met en place progressivement, dans des situations où celui-ci est nécessaire. Le plus souvent, il s'agit d'activités dans lesquelles le déplacement des objets est possible pour être sûr de ne pas en oublier et de ne pas compter certains d'entre

eux plusieurs fois. Dans d'autres cas, les enfants peuvent commencer à organiser les objets ou être placés face à une obligation de les marquer au fur et à mesure du dénombrement.
Parallèlement, les enfants sont confrontés à la suite écrite de nombres, notamment à travers un premier usage du calendrier, les calendriers de type éphéméride ou linéaire étant préférés à ceux organisés sous forme de tableau.

La fréquentation des nombres dans des activités occasionnelles liées à la vie de la classe ou dans des jeux est nécessaire, mais ne suffit pas à la construction des compétences numériques visées. Des occasions doivent être ménagées où les enfants ont un problème à résoudre, c'est-à-dire sont confrontés à une question qu'ils identifient et dont ils cherchent à élaborer une réponse, puis se demandent si la réponse obtenue convient : distribution un par un ou deux par deux, réalisation d'une collection de quantité identique à celle d'une collection donnée, comparaison de collections, partage équitable ou non d'une collection, évolution d'une collection par ajout ou retrait d'un ou deux objets... Dans toutes ces activités, la taille des collections, le fait de pouvoir agir ou non sur les objets (par exemple de pouvoir les déplacer), le fait d'avoir à anticiper la réponse à cause de l'éloignement ou de la dissimulation des objets... sont des variables importantes que l'enseignant peut modifier pour amener les enfants à faire évoluer leurs procédures de résolution. La verbalisation par l'enfant de ses actions et de leurs résultats constitue une aide importante à la prise de conscience des procédures utilisées et de leurs effets. Ces activités peuvent également être l'occasion d'utiliser des écritures provisoires (dessin, schéma...) nécessaires, par exemple pour transmettre une information ; plus tard, les écritures chiffrées se substitueront à ces premières représentations écrites des quantités.

• En Grande Section
Il s'agit de consolider des compétences utiles au travail plus organisé qui sera conduit au CP, toujours à travers des activités où l'utilisation des nombres constitue un moyen approprié pour résoudre un problème. Le nombre devient un outil de contrôle des quantités : pour en garder la mémoire, pour s'assurer qu'une distribution ou qu'un partage est équitable, pour décider qui en a le plus, pour rapporter juste ce qu'il faut, pour construire une collection qui a autant d'objets qu'une collection de référence...

Cet usage des nombres nécessite de connaître la comptine orale suffisamment loin ; 30 paraît être un objectif raisonnable, en sachant que certains enfants sont capables d'aller bien au-delà. Vers six ans, à travers les activités qui leur sont proposées, la plupart des enfants sont capables non seulement de mémoriser la suite orale, mais d'en acquérir une maîtrise qui la rend opératoire pour résoudre des problèmes : comptage en avant et en arrière, comptage à partir d'un autre nombre que un, récitation de la suite d'un nombre donné jusqu'à un autre fixé à l'avance...

Le nombre devient ainsi un outil utilisable pour effectuer un dénombrement (dans le domaine numérique maîtrisé), repérer des positions, mémoriser le rang d'une personne ou d'un objet dans un alignement et résoudre des problèmes portant sur les quantités ou sur les positions sur une bande numérotée (voir plus loin). L'entraînement au dénombrement de collections n'est, pour l'essentiel, pas fait pour lui-même, mais à l'occasion d'activités diverses.

L'enseignant veille à faire dénombrer des collections mobiles (faciles à déplacer pour séparer les objets "déjà comptés" de ceux qui restent à compter), puis des collections fixes (nécessitant un marquage réel ou mental) et des collections représentées.

Les jeux qui ont pour support la suite écrite des nombres sur une piste (type jeu de l'oie) permettent une première mise en relation des mots-nombres avec leur "image chiffrée" sans que des connaissances soient déjà attendues à ce sujet pour tous les élèves. En complément, l'élaboration progressive d'une bande numérique par l'enfant, avec l'aide de l'adulte, lui permet de contrôler l'avancée de sa connaissance de la comptine orale, de retrouver l'écriture chiffrée d'un nombre "dit" et de l'écrire en respectant le sens des tracés, de dire un nombre donné par son écriture chiffrée.

Enfin, un premier pas est possible en direction de ce qui deviendra le calcul au cycle 2. Il ne s'agit ni d'utiliser prématurément le symbolisme (+, –, =), ni d'apprendre à calculer au sens où on l'entend habituellement (en effectuant des opérations), ni de mémoriser des résultats. Le travail est uniquement centré sur la résolution de problèmes sans qu'il soit fait appel au calcul sur les nombres. Dans les problèmes proposés, les enfants sont placés en situation d'anticiper des résultats (sans possibilité d'action directe sur les objets), par exemple pour trouver :
– le nombre d'objets que contiendra une collection après une augmentation ou une diminution ou le nombre d'objets qu'il faut ajouter ou enlever à une collection pour obtenir la quantité désirée ou encore le nombre d'objets que contenait une collection avant qu'elle n'augmente ou qu'elle ne diminue ;
– la position qui sera atteinte après un déplacement sur une piste graduée ou l'amplitude du déplacement nécessaire pour passer d'une position occupée avant que ne soit réalisé le déplacement ;
– le résultat d'un partage équitable.

Ils peuvent également avoir à désigner une quantité importante en utilisant des nombres connus (il y en a cinq ou encore trois...).

Pour répondre à de telles questions, sans recourir aux opérations classiques, les enfants peuvent utiliser leurs connaissances sur les nombres : dessiner et dénombrer, utiliser le comptage en avant ou en arrière à partir d'un nombre donné... L'apprentissage essentiel consiste à comprendre que ces problèmes peuvent être résolus grâce aux nombres. Il se prolongera par la mise en place du calcul à l'école élémentaire.

Pour l'ensemble des activités évoquées ici, le travail sur des situations réelles (à partir de jeux, de situations élaborées par l'enseignant, de situations tirées de la vie de la classe) est essentiel et préférable aux activités sur fiches.

Lorsqu'il arrive au CP, l'élève a donc une première connaissance des nombres et dispose déjà de nombreuses compétences. Il n'est pas opportun de commencer l'année par une étude des nombres un par un. Un travail plus global est préférable, dans la mesure où il permet de mettre en évidence et de valoriser les connaissances déjà disponibles et qui doivent faire l'objet d'un repérage pour chaque enfant. »

Première partie

LES SITUATIONS D'APPRENTISSAGE

Présentation

Dans cette partie, nous proposons des situations d'apprentissage organisées autour de compétences relatives aux quantités et aux nombres.

L'acquisition de chaque compétence se fonde sur :

• La mise en œuvre d'une **situation didactique** dont l'évolution, autour d'un même milieu et par la modification de variables, permet l'acquisition progressive tout au long du cycle de savoirs, de savoir-faire et d'attitudes nécessaires à la maîtrise de la compétence. Ces situations se vivent en général par groupe de huit élèves en présence de l'enseignant.

• Des **jeux mathématiques associés** qui permettent d'exercer la compétence dans le cadre d'activités motivantes et ludiques dont l'enjeu est de gagner (la majorité d'entre eux sont des jeux de hasard). Dans le cadre de ces activités, les élèves réinvestissent et stabilisent leurs connaissances et leurs savoirs grâce à l'élargissement de leur expérience. Ces jeux se vivent par groupes de quatre élèves en présence d'un adulte (enseignant, Atsem, assistants d'éducation).

• Des exemples de **fiches d'exercices de validation individuelle** qui jouent le rôle d'évaluation formative en relation avec les situations et les jeux mis en œuvre.

• Des exemples de **fiches d'évaluation** qui jouent le rôle d'évaluation normative.
À la fin de chaque période scolaire (aux vacances de la Toussaint, de Noël, de février, de Pâques et d'été), des évaluations sont proposées aux élèves : elles portent sur les modules travaillés dans la période correspondante.
Seules les évaluations suivantes sont proposées en fin d'année :
– connaître la comptine numérique orale au moins jusqu'à 30 (voir la fiche 7, p. 42);
– associer le nom des nombres connus avec leur écriture chiffrée en se référant à une bande numérique (voir la fiche 34, p. 125);
– résoudre des problèmes portant sur les quantités (augmentation, diminution, réunion, distribution, partage) en utilisant les nombres connus, sans recourir aux opérations usuelles (voir la fiche 43, p. 162).

• À la fin de cette partie, des chapitres (« Le rituel de l'appel », « Découvrir, comprendre et utiliser l'écrit mathématique ») ne sont pas organisés en compétences : ce sont des **activités complémentaires et trans versales**.

Ces propositions sont à interpréter comme une trame d'apprentissages. Le déroulement de chacune des situations didactiques principales doit globalement être respecté, car la modification temporelle des variables didactiques obéit à une logique d'apprentissage. Il est souhaitable de faire vivre aux élèves les jeux mathématiques associés de manière relativement simultanée. Mais ces jeux pourront toujours être proposés de nouveau (avec de légères modifications) pour permettre une réactivation et une extension des savoirs et des savoir-faire travaillés précédemment.

L'ordre des compétences proposé n'est pas non plus aléatoire, mais les savoirs, les savoir-faire et les attitudes en construction dans les activités associées à chacune des compétences s'interpénètrent et leur mise en réseaux, leur développement ne peuvent plus obéir à une hiérarchisation préétablie. C'est pourquoi il convient de parler de trame d'apprentissage. C'est cette trame que chaque enseignant doit réguler en fonction des conditions concrètes qui se modifient chaque année.

La rédaction des situations correspond à une mise en œuvre dans une classe de Moyenne Section ou de Grande Section. L'enseignant doit en tout état de cause adapter les variables des situations aux capacités de ses élèves. Dans le cadre d'une Petite Section de maternelle, l'enseignant pourra facilement adapter les variables des situations aux enfants de cet âge. Par exemple, la situation de la petite chenille (voir p. 47) débutera en fournissant un dé dont les faces ne portent qu'un, deux ou trois points (l'enseignant colle des pastilles sur le dé), les premiers dénombrements s'effectueront avec de très petites quantités, etc.

L'ouvrage propose et décrit des situations qui constituent une sorte de fil rouge tout au long de l'année scolaire (le jeu du trésor, l'emploi des bandes numériques), ainsi que des activités qui permettent aux élèves (notamment en Grande Section, mais aussi dans une moindre mesure en Moyenne Section) de découvrir, de comprendre et d'utiliser l'écrit mathématique qui joue un rôle déterminant dans la structuration des savoirs et des savoir-faire des élèves et donc dans la maîtrise des compétences. Un exemple de situation fonctionnelle vécue dans le cadre des rituels (dénombrement des présents et des absents) est également proposé. Les exercices d'évaluation individuelle présentés constituent des exemples ; ils sont à modifier en fonction des situations vécues par les élèves et de leurs acquis.

COMPÉTENCE : CONNAÎTRE LA COMPTINE NUMÉRIQUE ORALE AU MOINS JUSQU'À 30

Objectif 1 : Réciter la comptine des nombres dans l'ordre →

Objectif 2 : Réciter la comptine des nombres jusqu'à un nombre donné →

Objectif 3 : Réciter la comptine des nombres en intercalant des mots →

Objectif 4 : Réciter la comptine en intercalant des phrases ou des groupes de mots

Jeux de doigts
Comptines numériques

Compétence :
Connaître la comptine numérique orale au moins jusqu'à 30

Rituel de dénombrement des élèves

Objectif 5 : Réciter la suite des nombres à rebours →

Objectif 6 : Réciter la suite des nombres de 10 en 10 →

Objectif 7 : Réciter la suite des nombres de 2 en 2

Jeu : Le relais	Jeu : Le tunnel	Jeu : Le défi	Jeu : La course à 100

Affichages

- Des comptines numériques
- La bande numérique associée aux constellations des dés et aux doigts

ÉVALUATION DE FIN D'ANNÉE

Qu'est-ce que la comptine numérique?

Pour les jeunes enfants, savoir compter c'est savoir réciter la comptine numérique. En fait, savoir réciter la comptine numérique ne veut pas dire savoir dénombrer une quantité, mais seulement avoir mémorisé une suite ordonnée de mots. Cependant, la connaissance de la comptine numérique est indispensable pour apprendre à dénombrer ; son extension permet de percevoir l'aspect algorithmique de la numération et le rôle-clé de la dizaine (en relation avec les paquets de dix objets).
La connaissance de la comptine numérique sert également de support dans le cadre d'activités de comparaison : l'élève apprend à replacer les deux nombres à comparer dans la suite afin de déterminer « celui qui vient avant » et « celui qui vient après ».

Quand apprend-on la comptine numérique?

L'apprentissage de la comptine numérique est une activité rituelle qui se pratique en grand groupe à un moment déterminé de la journée.

Comment apprend-on la comptine numérique?

On apprend la suite ordonnée des nombres par :
- des comptines traditionnelles ;
- la lecture ou la fabrication de livres à compter ;
- la récitation de la comptine dans l'ordre jusqu'à un nombre donné ;
- la récitation de la comptine à partir d'un nombre donné ;
- la récitation de la comptine à rebours ;
- la récitation segmentée de la comptine à l'intérieur d'un texte.

Quels sont les savoirs et les savoir-faire en jeu dans cet apprentissage?

L'apprentissage de la comptine numérique nécessite l'exercice d'une **mémoire par contiguïté** : la prononciation de chaque mot déclenche celle du suivant (l'élève apprend par création d'une structure de liste). Mais l'élève doit ensuite s'exercer à reprendre la récitation de la comptine à partir de n'importe quel nombre. Il doit apprendre à récupérer le nombre qui suit en mettant à l'œuvre sa **mémoire à long terme**. Dans ce cas, la difficulté est variable. Jusqu'à seize, il n'y a pas de régularité mais, à partir de dix-sept, régularités et ruptures alternent. Déterminer le nombre qui vient après vingt-neuf est plus difficile que déterminer le nombre qui vient après vingt et un. La compréhension et la mémorisation du système oral de numération deviennent vite indispensables. L'élève doit donc apprendre une nouvelle suite de mots de nombres (vingt, trente, quarante...) et les intercaler. La récupération de trente après vingt-neuf est difficile car elle nécessite la mise en œuvre de la **mémoire de travail** (maintien temporaire de l'information « vingt-neuf »), le prélèvement d'une signification dans le mot « vingt-neuf » (qui appartient à la série des vingt et la récupération simultanée du nombre qui vient après vingt dans la suite des mots « dizaines »). Par la suite, l'élève doit être capable, en rapport avec la maîtrise d'autres compétences, de prélever des significations à l'intérieur de la suite des nombres et de replacer deux mots de nombres dans la suite pour déterminer leur ordre d'apparition. La comptine se charge alors d'une signification structurale globale : plus on avance dans la comptine, plus la quantité croît. La mémorisation de la comptine pour les plus grands nombres est favorisée par l'association entre les deux codes oral et écrit. Les mots de nombres qui s'intercalent correspondent aux changements du premier chiffre.

Compétence : connaître la comptine numérique orale au moins jusqu'à 30

1

Objectif 1 : réciter la comptine des nombres dans l'ordre

Les nombres sont tout d'abord énumérés dans l'ordre et dits d'un jet. Les comptines permettent aux élèves de réciter les mots de la comptine des nombres dans l'ordre.

Exemples

Un chat gris
Un chat gris dormait
Sur son dos dansaient
5 petites souris
1, 2, 3, 4, 5
Le chat les a prises
Tant pis !

Un, deux, trois
1, 2, 3
Le chat n'est pas là
1, 2, 3
Sautez dans mes bras !

1, il mange du pain
2, il mange des œufs
3, il mange des noix
4, il mange des pâtes
5, sans ramequin

1, 2, 3, 4, 5, 6, 7
Violette, Violette
1, 2, 3, 4, 5, 6, 7
Violette à bicyclette

Une fleur
Deux fleurs
Trois fleurs
Mets-les sur ton cœur

1, 2, 3, 4, 5, 6, 7, 8, 9
J'ai trouvé un œuf
Sous la queue d'un bœuf !

Pomme, poire, abricot
Pomme, poire, abricot
Y en a une, y en a une
Pomme, poire, abricot
Y en a une de trop
Dans la cuillère à pot
Une, c'est pour toi les prunes
Deux, c'est pour toi les œufs
Trois, c'est pour toi les oies
Quatre, c'est pour toi la claque !

Polichinelle

Polichinelle
Monte à l'échelle
Un peu plus haut
Se casse le dos
Un peu plus bas
Se casse le bras
Trois coups de bâton
En voici 1
En voici 2
En voici 3

Ils étaient quatre

Ils étaient quatre
Qui devaient se battre
Mais y en avaient trois
Qui ne voulaient pas
Henri I ne disait rien
Henri II se moquait d'eux
Henri III levait le doigt
Henri IV, 1, 2, 3, 4
Des saucisses plates
Coupées en quatre
En mangeait quatre

Compétence : connaître la comptine numérique orale au moins jusqu'à 30

2

Objectif 2 : réciter la comptine des nombres jusqu'à un nombre donné

Il s'agit de rompre la continuité de la suite pour mieux la maîtriser en introduisant des contraintes. Le nombre est soit donné par la comptine elle-même, soit par un enfant. Les comptines qui suivent permettent de travailler cet objectif.

Exemples

Un petit cochon
Un petit cochon
Pendu au plafond
Tirez-lui le nez
Il donnera du lait
Tirez-lui la queue
Il donnera des œufs
Combien en voulez-vous ?
6 *[ou tout autre nombre]*
1, 2, 3, 4, 5, 6

Combien de plumes ?
Petit oiseau
Qui vient de la mer
Combien de plumes
Peux-tu porter ?
4 *[ou tout autre nombre]*
1, 2, 3, 4

Pique, pique la bourrique
Compte bien s'il y en a huit :
1, 2, 3, 4, 5, 6, 7, 8
Mademoiselle, retirez-vous !

Combien faut-il de pommes de terre
Pour faire la soupe à ma grand-mère ?
7 *[ou tout autre nombre]*
1, 2, 3, 4, 5, 6, 7

Remarque
Cette contrainte met les enfants en difficulté tant que la comptine n'est pas parfaitement mémorisée : soit ils privilégient la suite des nombres et oublient le terme, soit, fixés sur le but, ils perdent l'ordre de succession des nombres.

Compétence : connaître la comptine numérique orale au moins jusqu'à 30

3

Objectif 3 : réciter la comptine des nombres en intercalant des mots

Cet objectif peut être travaillé avec la comptine suivante :

Les oies
Dans la cour de chez Dubois
Il y a sept oies
Une oie, deux oies, trois oies
Quatre oies, cinq oies, six oies,
C'est toi !

Remarque
À ce moment-là, la continuité de la chaîne est rompue par l'intrusion d'un autre mot et le mot nombre apparaît dans sa singularité (1 est séparé de 2 par le mot oie). Cette étape entraîne toujours une régression. L'enfant qui sait dire « 1, 2, 3, 4, 5, 6, 7 » sera mis en difficulté à ce stade-là. C'est cette segmentation de la chaîne orale qui permettra, entre autres, de mieux maîtriser le dénombrement.

Compétence : connaître la comptine numérique orale au moins jusqu'à 30

4

Objectif 4 : réciter la comptine des nombres en intercalant des phrases ou des groupes de mots

Les comptines permettent de travailler cet objectif.

Exemples

Pimpanicaille
Pimpanicaille,
Roi des papillons
Se faisant la barbe,
Se coupa le menton.
1, 2, 3, de bois
4, 5, 6, de buis
7, 8, 9 de bœuf
10, 11, 12 de bouse
Va-t-en à Toulouse !

1, 2, 3
1, 2, 3
J'irai dans les bois
4, 5, 6
Cueillir des cerises
7, 8, 9
Dans mon panier neuf
10, 11, 12
Elles seront toutes rouges !

1, 2, v'là les œufs
3, 4, faut les battre
5, 6, c'est Alice
7, 8, qui les cuit
9, 10, c'est Félix
11, 12, qui les couve

1, 2, 3
Dans sa hotte en bois
4, 5, 6
Il y a des surprises
7, 8, 9
Des joujoux tout neufs
10, 11, 12
De la joie pour tous !

1, 2, 3, 4
La grenouille veut se battre
5, 6, 7, 8
Allez vous cacher bien vite
9, 10, 11, 12
La grenouille est très jalouse
13, 14, 15, 16
De toutes les grenouilles anglaises

Remarque
Pour énoncer la suite des nombres à l'intérieur d'une comptine, l'enfant doit :
- savoir dire la comptine par groupe de deux, de trois ou de quatre nombres ;
- mémoriser le terme de l'énonciation précédente ;
- être capable d'énoncer la comptine à partir de n'importe quel nombre.

Activités complémentaires

On peut demander aux enfants de réciter la comptine numérique :
- jusqu'à un nombre donné ;
- à partir d'un nombre donné ;
- à partir d'un nombre donné et jusqu'à un nombre donné. Par exemple : réciter en partant de 3 jusqu'à 8.

Compétence : connaître la comptine numérique orale au moins jusqu'à 30

5

Objectif 5 : réciter la suite des nombres à rebours

Les comptines permettent de travailler cet objectif.

Exemples

Ils étaient dix dans un nid
Ils étaient dix dans un nid
Et le petit dit :
– Poussez-vous, poussez-vous
Ils se poussèrent tous
Et un tomba du nid

Ils étaient neuf dans un nid
Et le petit dit :
– Poussez-vous, poussez-vous
Ils se poussèrent tous
Et un tomba du nid

[À la dernière reprise]
Ils étaient un dans un nid
Et le petit dit :
– Ouf ! enfin seul.

Un bidon d'eau
Un bidon d'eau
Deux bidons d'eau
Trois bidons d'eau
Quatre bidons d'eau
Cinq bidons d'eau
Quatre bidons d'eau
Trois bidons d'eau
Deux bidons d'eau
Un bidon d'eau

Le loriot a 10 plumettes
Le loriot a 10 plumettes
Le loriot a 10 plumettes
Qui volent dans le vent
Les plumettes dorées
Qui volent dans le vent
Les plumettes d'argent
Le loriot a 9 plumettes
Le loriot a 9 plumettes
Qui volent dans le vent
Les plumettes dorées
Qui volent dans le vent
Les plumettes d'argent

[À la dernière reprise]
Le loriot n'a plus d'plumettes

La baleine
C'est la baleine qui tourne et vire
Autour de 5 petits navires
Petit navire, prends garde à toi
Ou la baleine te mangera

C'est la baleine qui tourne et vire
Autour de 4 petits navires
Petit navire, prends garde à toi
Ou la baleine te mangera

Une souris verte
10 moutons
9 moineaux
8 marmottes
7 lapins
6 canards
5 fourmis
4 chats et
3 poussins
2 belettes et
1 souris
Une souris verte !

Où allez-vous ?
– Où allez-vous ?
– Au quatre Cailloux
– Quel numéro avez-vous ?
– 5 *[ou tout autre nombre]*
– 1, 2, 3, 4, 5
– 5, 4, 3, 2, 1

Remarque
En inversant l'ordre d'énumération, on favorise l'idée de déplacement orienté sur un axe. Cela prélude à l'introduction de la bande numérique ainsi qu'à son mode d'utilisation. Les mots avancer/reculer et enlever/ajouter apparaissent.

Objectif 6 : réciter la suite des nombres de 10 en 10

Il s'agit à nouveau d'apprendre à mémoriser la suite ordonnée des mots qui désignent les dizaines.
Il est conseillé d'utiliser la droite graduée comme support.

Objectif 7 : réciter la suite des nombres de 2 en 2

C'est un des moyens utilisés par l'enseignant pour vérifier que tous les élèves sont là au retour de récréation. Cette façon de faire questionne les enfants : « Maîtresse, tu te trompes. T'as dit 2, 4... T'as oublié de dire le 1. » À partir de ces remarques, on explique pourquoi on compte de 2 en 2, et comment on fait. Les enfants cherchent ensuite à apprendre cette technique.

Pour les aider à maîtriser ce comptage, l'enseignant peut réciter la comptine en alternance. Par exemple :
– l'enseignant dit un nombre (1), le groupe le suivant (2), et ainsi de suite ;
– on dit un nombre à voix haute, le suivant dans sa tête, et ainsi de suite.

Jusqu'à quels nombres étendre la comptine des mots de nombres ?

Le premier domaine est celui des nombres visualisables

Par nombre visualisable, on entend les nombres que l'on peut représenter avec la main et les doigts, qui peuvent être mémorisés comme des constellations : 1, 2, 3, 4, 5, 6 et 10. La plupart des comptines se situent dans ce cadre.

Le deuxième domaine est celui des nombres fréquentés (jusqu'à 31)

Pourquoi 31 ? Parce que c'est le nombre maximal de jours dans un mois et que, dans ce champ numérique, se situe également le nombre d'élèves de la classe. On en déduit donc la mise en place d'autres rituels : celui de la date, celui de l'appel et du dénombrement des élèves. On peut conjointement travailler sur les petits nombres de 1 à 10 et apprendre à réciter la comptine numérique en extension jusqu'à 31.

Remarque
Pour compter de 1 à 20, l'enfant doit mémoriser la suite des nombres ; en revanche, à partir de 20, il n'est plus autant nécessaire de mémoriser. L'enfant est amené à renoncer à une stratégie jusque-là efficace (la mémorisation) pour en adopter une plus économique et performante au fur et à mesure où il prend conscience, au niveau oral, d'une certaine régularité. Il apprend progressivement à appliquer une règle algorithmique. Il lui faut par contre mémoriser des mots qui s'intercalent entre chaque sous-suite, c'est-à-dire le nom des dizaines.

Le troisième domaine est celui des grands nombres (jusqu'à 100)

100 est un nombre symbolique. L'enfant qui dit savoir compter jusqu'à 100 s'affirme comme quelqu'un de grand et de fort. Cette maîtrise lui donne un sentiment de pouvoir sur le monde, il jubile et il demande souvent à ce que l'exploit « d'aller jusqu'à 100 » soit réédité. C'est avec les grands nombres – d'abord entre 20 et 69, puis entre 69 et 100 – que l'enfant fera fonctionner les différents algorithmes.

Remarques
- Les enfants font alors fréquemment l'erreur de compter ainsi : « trente-huit, trente-neuf, trente-dix ». Cette erreur prouve qu'ils ont compris un des principes de la numération, mais que leur modèle de représentation est incomplet.
- L'autre prise de conscience qui devient nécessaire c'est non pas encore le principe de regroupement par dix, mais l'idée que « le » 10 a un rôle bien particulier dans notre système numérique. L'enseignant peut proposer d'apprendre la comptine numérique de 10 en 10. La suite orale ne peut être que mémorisée, la régularité n'apparaît qu'à l'écrit. L'enfant doit à nouveau appliquer une procédure à laquelle il avait été invité précédemment à renoncer.

Compétence : connaître la comptine numérique orale au moins jusqu'à 30

6

Jeux mathématiques associés

Quand les enfants commencent à maîtriser la suite numérique, on peut introduire d'autres jeux. Ces différents jeux doivent constituer des moments brefs, menés à un rythme rapide. C'est l'aspect ludique qui domine. Le premier critère de réussite, c'est le plaisir et l'intérêt que manifestent les enfants ainsi que leur capacité à relancer le jeu, ou à en proposer de nouveaux, et à accepter de se mettre en jeu dans leur libre participation aux courses et aux défis.

Le relais

L'enseignant commence à réciter la comptine. Au moment où il s'arrête, le groupe doit continuer la récitation (l'enseignant peut donner une suite longue ou brève ou partir de n'importe quel nombre, ce qui étalonne la difficulté...). On récite en alternance : l'enseignant dit « 1 », le groupe « 2 », l'enseignant dit « 3 », le groupe « 4 »... On recommence le même jeu avec deux enfants volontaires, puis trois et quatre.

Le tunnel

- Les enfants récitent la comptine des nombres à voix haute. Au signal de l'enseignant, ils continuent à réciter mais à voix basse. Ils reprennent à voix haute au signal, et ainsi de suite.
- L'enseignant propose le même jeu mais la récitation se fait dans la tête. Il est nécessaire de scander chaque nombre avec un frappé pour pouvoir compter de tête à la même cadence.
- Même jeu mais en respectant un algorithme. Par exemple : on dit « 1 » tout haut, « 2 » dans sa tête, « 3 » tout haut, « 4 » dans sa tête...

Remarque
Ce type de jeu favorise l'apprentissage de la suite des nombres de 2 en 2 (pratique que l'on adopte progressivement pour dénombrer les élèves et compter plus vite les jetons dans le jeu du trésor).

Le défi

• L'enseignant lance un défi au groupe-classe : il dit un nombre quelconque et le groupe doit donner le nombre qui vient juste après. Par exemple : l'enseignant dit « 8 », le groupe doit répondre « 9 ».
• Le jeu peut se jouer entre l'enseignant et un enfant volontaire.
• Il peut aussi se pratiquer entre deux enfants volontaires :
– un enfant lance un défi à un autre enfant qui peut l'accepter ou non ;
– l'enseignant est meneur de jeu, il donne un nombre ;
– l'enfant qui trouve le premier le nombre qui vient après marque un point. Le premier qui atteint 5 points gagne la partie.

Remarques
• Ce jeu passionne tous les enfants. L'enseignant peut proposer des grands nombres (58, 125, 1 003...) aux enfants ; cela leur permet d'appliquer et de vérifier la validité du principe algorithmique. Il peut aussi choisir de travailler sur le passage à la dizaine supérieure en proposant des nombres comme 9, 19, 29...
• S'il est relativement facile de trouver le nombre qui vient après, il est très difficile de trouver celui qui vient avant. Le jeu ne fonctionne pas avec cette variante.

La course à 100

Cette course se fait avec les enfants réunis en cercle. Un enfant dit un nombre, son voisin doit donner le nombre suivant : c'est un jeu d'élimination, celui qui se trompe ou hésite trop longtemps est éliminé.
L'erreur est tolérée pour le passage à la dizaine supérieure qui est donné dans les premiers temps par l'enseignant.

Remarques
• Ce jeu captive les enfants : il demande de la concentration, de l'écoute et de l'anticipation.
• Ce qui est important, ce n'est pas que les enfants sachent compter jusqu'à 100, c'est qu'en apprenant à compter ils puissent découvrir des principes de fonctionnement et les appliquer.
En fin de Grande Section, certains sauront compter jusqu'à 100, et bien au-delà, puisqu'ils auront compris comment cela fonctionne, d'autres auront encore du mal à assurer le passage de la dizaine, mais tous auront pu construire une représentation au moins partielle du principe numérique. En règle générale, le groupe-classe sait réciter jusqu'à 69.

Compétence : connaître la comptine numérique orale au moins jusqu'à 30

7

Évaluation de fin d'année

Compétences relatives aux quantités et aux nombres

	Compétence affirmée	Compétence à renforcer	Compétence en cours d'acquisition
Connaître la comptine numérique orale au moins jusqu'à 30			
L'enfant sait réciter la comptine numérique sans erreur jusqu'à... Consigne : « Compte le plus loin possible. »			
L'enfant sait réciter la comptine en partant d'un nombre autre que 1. Consigne : « Compte en partant de 4, en partant de 8. »			
L'enfant sait réciter la comptine jusqu'à un nombre donné. Consigne : « Compte jusqu'à 6, jusqu'à 9. »			
L'enfant sait réciter la comptine en intercalant un mot. Consigne : « Récite une oie, deux oies, ..., sept oies. »			
L'enfant sait réciter la suite des nombres à l'intérieur d'une comptine. Consigne : « Récite la comptine "1, 2, 3, je m'en vais au bois". »			
L'enfant sait réciter la comptine à rebours. Consigne : « Récite la comptine de 1 à 5 et de 5 à 1. »			
Construire l'organisation du système de numération			
L'enfant sait réciter la comptine à partir de 20, de 30... Consigne : « Compte en partant de 50 jusqu'à 59. » (L'enseignant aide en donnant le cin-			

• **Compétence affirmée :** l'enfant est à l'aise, il satisfait à toutes les variantes proposées malgré quelques erreurs.
• **Compétence à renforcer :** l'enfant n'a pas su répondre à certaines variantes, d'autres sont justes malgré quelques erreurs.
• **Compétence en cours d'acquisition :** autres types de réponse.

COMPÉTENCE : RECONNAÎTRE GLOBALEMENT ET EXPRIMER DES PETITES QUANTITÉS ORGANISÉES EN CONFIGURATIONS CONNUES

Objectif 1 : Reconnaître visuellement des constellations → **Objectif 2 :** Mettre en mémoire les constellations → **Objectif 3 :** Nommer et désigner les constellations → **Objectif 4 :** Représenter les constellations

Jeux de doigts

Compétence : Reconnaître globalement et exprimer des petites quantités organisées en configurations connues (doigts de la main, constellations du dé)

Comptines numériques

Jeu : Les dominos

Jeu : Les cartes

Affichages
- Des comptines numériques
- La bande numérique associée aux constellations des dés et aux doigts

Exercices de validation individuelle

ÉVALUATION

Pourquoi prendre les constellations comme premier support d'apprentissage des petites quantités ?

Apprendre à distinguer les quantités est un des premiers apprentissages numériques. Au-delà de deux éléments, les très jeunes enfants, qui, au début de l'apprentissage ne savent pas encore dénombrer, ont beaucoup de difficultés à distinguer des collections dont les cardinaux sont différents. Bien sûr, pour comparer deux collections sans avoir recours au dénombrement et si la situation s'y prête, une possibilité existe : établir une correspondance terme à terme entre les éléments des deux collections. Mais pour les élèves, cette procédure ne met pas en œuvre les nombres puisque les mots de nombres ne sont pas prononcés et les comparaisons restent éphémères. Apprendre à distinguer les constellations est donc une première étape qui installe un savoir : les quantités ne se valent pas.

La disposition des points facilite la prise d'**indices de différenciation**. Dans le 3, il y a un point compris entre deux autres, donc un point supplémentaire par rapport au 2. Les enfants font la même distinction entre 4 et 5. En revanche, certains peuvent confondre pendant un certain temps le 4 et le 6, car les deux configurations comportent une analogie. La disposition des points favorise également la reconnaissance des constellations et permet progressivement de les nommer. Les premiers mots de la comptine numérique trouvent ici une ou leur première signification en relation avec des collections organisées. Chaque constellation est à la fois une **collection concrète de points**, mais également un **signe écrit**, à la fois icone et symbole de nombre, auquel on peut associer un **nom de nombre** : « C'est le cinq », « C'est le six », disent les enfants.

Un autre intérêt des constellations réside dans la **possibilité de dénombrer les points**. Quand l'enfant sait reconnaître la constellation et la nommer, le dénombrement des points lui permet de donner du sens au dernier mot prononcé : il reconnaît le 5 et son action de dénombrement se termine par 5. Plus rarement, certains enfants qui confondent, par exemple, le 4 et le 6 peuvent les distinguer par dénombrement. Enfin, lorsque l'élève s'approprie les écritures des nombres (par exemple, sur une bande numérique) se noue un réseau de significations : le mot « cinq », la constellation du « cinq » et le chiffre 5 désignent le même nombre.

Dans la continuation des apprentissages numériques, les constellations des dés constituent un support qui facilite la détermination de sommes élémentaires (réunion de collections), ainsi que la détermination de retraits simples (« Si l'on enlève un à cinq, on a quatre »). La somme des points figurant sur deux dés peut être déterminée en recomptant l'ensemble des points ou par surcomptage à partir d'un des deux nombres. C'est en jouant que les élèves mémorisent les premiers résultats élémentaires.

La situation des jetons proposée dans le cadre de la compétence « dénombrer des quantités » permet de déstructurer les constellations : les élèves sont amenés à considérer l'équivalence de collections quelle que soit la disposition de leurs éléments. L'extension de cette approche des quantités dans le cadre des configurations des dés aux configurations de doigts ou à celles figurant sur les cartes à jouer, ainsi que le rituel de dénombrement des élèves, permet à l'élève de détacher la quotité de la nature des éléments.

Situation : la petite chenille

La situation est présentée dans la fiche 8, p. 48.

Organisation : en groupe de 6 à 8 élèves

Matériel :

– un jeu de 6 cartes de constellations mobiles par enfant et un jeu pour l'enseignant ;
– une petite chenille dessinée sur un support fixe par enfant et une pour l'enseignant ;
– de la pâte adhésive (de type Patafix).

Tâche pour l'élève

Décorer sa chenille avec les cartes constellations.

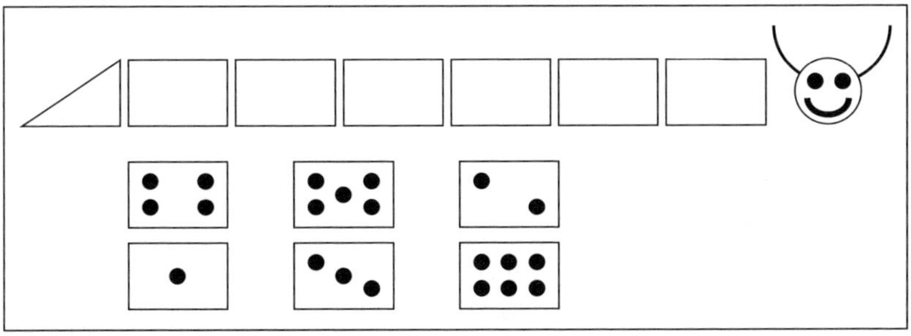

Compétence : reconnaître globalement et exprimer des petites quantités organisées en configurations connues

8

Objectif 1 : reconnaître visuellement des constellations

Il s'agit de reconnaître une configuration parmi un lot (par exploration visuelle et par discrimination perceptive). Dans le cadre de cette situation, les élèves doivent apprendre également à ranger des objets dans un ordre donné sur un axe orienté.

Déroulement

• Les enfants découvrent d'abord le matériel (voir page 47). Ils le questionnent, l'interprètent et s'approprient l'idée que l'on va devoir décorer la chenille avec les cartes constellations.
• Ensuite, l'enseignant devient meneur de jeu et donne des consignes de plus en plus compliquées.

Première situation

L'enseignant affiche sa chenille au tableau et pose une carte constellation en partant de la queue.

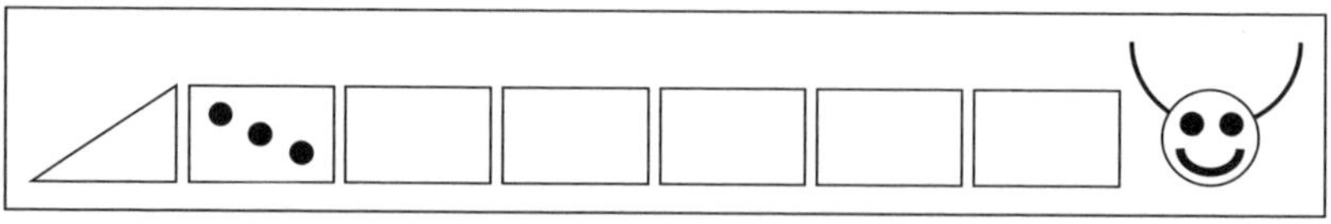

Les enfants doivent trouver la même carte et la ranger sur leur support. La validation est faite par le groupe en confrontant la production de l'élève et le modèle de l'enseignant.
Puis l'enseignant pose une autre carte. Et ainsi de suite jusqu'à ce que toutes les cartes constellations soient rangées.

Remarques
• Certains enfants reconnaissent les constellations et savent les nommer. Il s'agit en général de celles du 1, du 2 et du 3. Pour faciliter l'entrée de tous

dans l'activité, il est alors judicieux de commencer à garnir la chenille à partir de ces cartes plus familières.
• L'enseignant prend l'habitude de nommer la constellation en la montrant : « C'est le 2 », « C'est le 6 »...

Seconde situation

L'enseignant affiche sa chenille entièrement garnie et demande aux enfants de la reproduire.

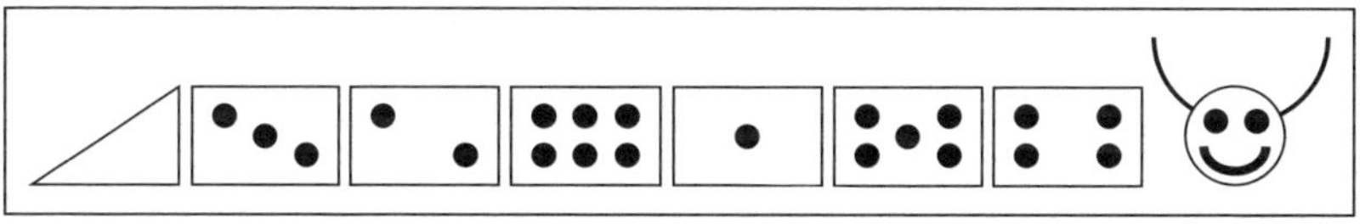

Pour retrouver l'ordre des cartes, les élèves expérimentent des procédures par « extremum » (placer la première carte, puis la suivante, etc.) ou des procédures par intercalation (placer une carte entre deux autres) et, bien sûr, la combinaison des deux types de procédures. Ces connaissances qui se constituent restent souvent implicites. Les élèves réinvestissent dans une tâche élargie leur capacité à différencier les constellations.
Cette situation peut faire l'objet d'une course : le premier élève à avoir décoré sa chenille gagne.

Validation

La validation se fait par confrontation entre la production de l'élève et le modèle de l'enseignant. Elle se fait par correspondance, case par case. Cette procédure est initiée par l'enseignant, puis très vite les enfants s'en emparent et peuvent ainsi apprendre à valider leur travail par eux-mêmes.

Remarques
• Cette situation sera plus facile à réaliser si les enfants ont appris auparavant à ordonner des objets sur un axe orienté.
• Il conviendra d'aider méthodologiquement certains enfants en les assistant dans leur démarche : leur montrer au tableau la première carte, leur demander de la chercher et de la ranger, puis procéder de la même façon pour la deuxième, et ainsi de suite.

Compétence : reconnaître globalement et exprimer des petites quantités organisées en configurations connues

9

Objectif 2 : mettre en mémoire les constellations

Par modification d'une variable didactique (la durée de présentation d'une carte constellation), l'enseignant favorise la mémorisation d'images mentales. Les élèves renforcent la perception des différences entre les constellations. Ils doivent également mettre en œuvre ici une procédure de vérification et de contrôle.

Déroulement

Première situation

L'enseignant demande aux enfants de bien regarder la carte qu'il montre.
Il la pose ensuite tournée à l'envers sur le support.
Les enfants doivent ensuite retrouver la même carte.
La validation se fait en remettant la carte à l'endroit.

Deuxième situation

L'enseignant installe sa chenille hors de la vue des enfants et pose une carte constellation (en partant toujours de la queue). Les enfants doivent se déplacer pour aller chercher l'information.

Validation

Elle est faite par l'enseignant qui demande à l'enfant d'aller vérifier auprès du modèle et de corriger son erreur.

Remarques

• Il conviendra d'aider les enfants qui se déplacent avec le groupe mais qui ne savent pas ce qu'ils doivent faire. Il faudra leur rappeler :
– le scénario : « Cette fois, la chenille est cachée. » ;
– la finalité de l'exercice : « Il faut décorer ta chenille comme la mienne. » ;
– et la procédure de résolution (à définir avec ceux qui ont réussi) : « Je me déplace pour aller voir la carte que la maîtresse a rangée. Je la regarde bien pour m'en souvenir et je pose la même carte sur mon support. »

• Les enfants nomment de plus en plus les constellations (« La maîtresse a mis le 6 »).

Troisième situation

L'enseignant pose sa chenille entièrement décorée hors de la vue des enfants et leur demande de la reproduire.

Validation

Elle est faite par confrontation avec le modèle de l'enseignant.

Quatrième situation

L'enseignant pose sa chenille entièrement décorée hors de la vue des enfants et leur demande de la reproduire :
– en faisant la course (le premier qui a reproduit la chenille gagne);
– en limitant le nombre de déplacements.

Validation

Elle est faite par l'enseignant.

Remarques
• Ces deux dernières situations complexifient et approfondissent les savoirs mis en jeu dans la première situation dans la mesure où l'enfant doit gérer la tâche seul.
• Les situations 3 et 4 sont davantage présentées comme un challenge, un défi adressé aux enfants les plus performants. Il conviendra de ne pas s'y appesantir.

Compétence : reconnaître globalement et exprimer des petites quantités organisées en configurations connues

10

Objectif 3 : nommer et désigner les constellations

Ici, il s'agit d'apprendre à nommer les constellations, c'est-à-dire à créer des associations images/mots.

Déroulement

Première situation

L'enseignant installe sa chenille hors de la vue des enfants et pose une carte constellation en partant toujours de la queue. Cette fois, un seul enfant est chargé de rapporter l'information au groupe.

Validation

Elle se fait par l'enfant rapporteur.

Remarques

• Pour résoudre cette tâche, les enfants utilisent spontanément la désignation suivante : « C'est le 2. »

• La situation devient intéressante quand l'enfant donne une information erronée. Par exemple : il voit le 4 sur le modèle, mais il dicte le 6 ; ses camarades posent alors le 6 et il dit que ce n'est pas ça. Le problème est alors débattu et résolu collectivement.

• Autre cas : l'enfant se dit dans l'impossibilité de nommer la carte constellation. Comment faire pour communiquer quand même l'information ? Cette réflexion conduit à une situation de recherche avec le groupe. Des propositions sont faites pour utiliser d'autres procédures : le dessin ou les doigts, qui mobilisent d'autres savoirs et savoir-faire et qui permettent d'autres apprentissages.

• L'enseignant peut à un moment de l'activité exiger le mode de communication (soit nommer, soit montrer avec ses doigts, soit dessiner) selon l'objectif qu'il vise.

Deuxième situation : la dictée

Un enfant, à l'abri du regard d'autrui, range les cartes constellations sur sa chenille et dicte sa composition aux autres élèves qui doivent réaliser la même chenille.

Validation

Elle se fait par l'élève et en référence au modèle.

Troisième situation

Un enfant, loin du regard de ses camarades, dispose des cartes sur sa chenille. Les autres élèves l'interrogent pour réaliser la même chenille. On cherche les cartes dans l'ordre : « Est-ce que la première carte est le 5 ? » On poursuit le questionnement si la réponse est « Non ». Quand on a trouvé cette première carte constellation, on cherche la deuxième, et ainsi de suite.

Validation

Elle se fait par l'élève et en référence au modèle.

Compétence : reconnaître globalement et exprimer des petites quantités organisées en configurations connues

11

Objectif 4 : représenter les constellations

Il s'agit d'apprendre à reproduire l'organisation des points d'une configuration. Cette tâche vient encore renforcer le repérage des différences entre les constellations (repérage de la « figure globale » et de sous-figures, reconnaissance intuitive ou raisonnée du nombre de points, etc.).
Les élèves doivent également apprendre à se repérer et à s'orienter sur une feuille.

Les enfants ont été amenés précédemment à représenter les constellations pour communiquer. Maintenant, on systématise cet apprentissage.

Situation

L'enseignant choisit une carte constellation du jeu de la chenille et demande aux enfants de la reproduire sur une carte vierge en utilisant des jetons.

Organisation : en groupe de 6 à 8 élèves avec l'enseignant

Matériel :

– une fiche blanche ;
– des jetons ;
– des cartes constellations ;
– des gommettes ;
– des crayons.

Consignes

Reproduis le 6 avec des jetons. (Avec modèle, sans modèle.)
Reproduis le 6 avec des gommettes.
Dessine-le avec les crayons.

Remarques
• Ce travail amène les enfants à se repérer et à s'orienter sur une feuille : il faut repérer les quatre angles, le milieu, les côtés et le centre de la feuille.

• Certains enfants commencent à pratiquer le dénombrement : ils reconnaissent le 3, le nomment et prennent trois jetons (1, 2, 3) pour reproduire la constellation du 3.
• Ce travail permet aussi d'établir des relations entre les constellations. Par exemple : pour passer du 5 au 4, on enlève le jeton du milieu ; pour passer du 4 au 5, on ajoute un jeton au milieu. Ces remarques qui se font au cours des manipulations amorcent le travail futur sur le dénombrement et sur la résolution de problèmes portant sur les quantités. L'enseignant peut faciliter cette prise de conscience en demandant aux enfants comment faire pour transformer le 1 en 5, le 6 en 4...
• Des configurations erronées apparaissent aussi dans leur organisation spatiale, mais elles sont conformes à la quantité. Il est important alors de faire remarquer que le dessin n'est pas conforme au modèle, mais qu'il y a bien la quantité demandée. L'enseignant peut faciliter cette prise de conscience en demandant aux enfants de trouver d'autres configurations pour le 6, pour le 5...
• Ces situations amorcent de nouvelles interrogations et préfigurent les travaux futurs sur le nombre.

À la fin de la mise en œuvre de ces situations, les élèves commencent à établir un réseau de significations concernant chaque nombre, mais aussi les relations entre les premiers nombres. Le 5, c'est un nombre qui désigne une quantité (une collection de points). Le 5 est indépendant de la spatialisation des éléments. Le 5 se transforme par augmentation ou diminution en un autre nombre. Le 5 fonctionne en relation avec plusieurs registres sémiotiques.

Compétence : reconnaître globalement et exprimer des petites quantités organisées en configurations connues

12

Jeux de doigts

• L'enseignant demande aux enfants de mettre les mains derrière le dos. Au signal du meneur de jeu, ils doivent montrer le nombre de doigts demandé le plus rapidement possible.

Remarque
Cette situation met en évidence plusieurs types de comportement. Certains enfants affichent 4 doigts et recomptent en pointant chaque doigt : « 1, 2, 3, 4. » D'autres cherchent différentes configurations possibles à partir des modèles canoniques. Par exemple : pour faire 2, ils montrent l'index et le majeur.

• L'enseignant peut relancer l'activité en demandant de faire le nombre demandé, par exemple le 2, différemment.
Cette contrainte signifie déjà que le 2 existe en dehors des figures qui le matérialisent. Cela n'est pas verbalisé mais signifié. Cette contrainte peut aussi amener les enfants à utiliser les deux mains. Par exemple : « T'as vu maîtresse, j'ai fait 2 comme ça » (en montrant un doigt et un doigt).

• L'enseignant introduit alors une autre contrainte : montrer quatre doigts en utilisant les deux mains.
Cette décomposition du 4 est verbalisée par l'enseignant : « Pour faire 4, tu as pris 2 doigts et 2 doigts. » Il y a toujours un enfant qui, à ce moment, reformule en disant : « Eh oui, 2 et 2 ça fait 4. » Le questionnement se poursuit alors : « Et 4 et 4 ? », « Et 3 et 3 ? ». En fin de Moyenne Section ou en Grande Section, les enfants demandent même : « Et 10 et 10, maîtresse, combien ça fait ? Et 100 et 100 ? »

Compétence : reconnaître globalement et exprimer des petites quantités organisées en configurations connues

13

Jeux mathématiques

Les dominos

Organisation : en groupe de 4 ou 5 joueurs

Matériel : un jeu de dominos traditionnel

Première situation

Les dominos sont éparpillés au centre de la table, face visible. L'enseignant en prend un au hasard pour lancer l'activité.

Consigne

Vous devez prendre un domino qui porte la même constellation que le mien et le poser à côté (les deux constellations identiques se touchent).

Remarques

- Les enfants ont parfois des difficultés à prélever des informations aux deux extrémités de la chaîne de dominos et à bien positionner le domino (problème d'orientation).
- Ce jeu les oblige à bien visualiser les constellations.

Seconde situation : situation de jeu

Déroulement de la partie

Les dominos sont retournés sur la table, chaque joueur en pioche 5. Le premier joueur pose un domino, le second enchaîne comme précédemment. S'il n'a pas le domino adéquat, il en prend un dans la pioche, puis il le pose ou le garde, et ainsi de suite. Celui qui a posé tous ses dominos a gagné.

Remarques

- Les règles plus précises (on commence par le double six et on rejoue quand on a posé un double) sont introduites au fur et à mesure de la maîtrise acquise par les enfants.

• Les problèmes de stratégie peuvent être abordés par certains enfants, mais ils ne sont pas travaillés dans ce cadre-là. Ils ne figurent pas dans les objectifs.

Les cartes

Organisation : en groupe de 4 ou 5 joueurs

Matériel :

– un plan de jeu sur lequel sont dessinées les constellations ;
– un jeu de 24 cartes constellations allant de 1 à 6 (quatre cartes de chaque constellation) ;
– un dé.

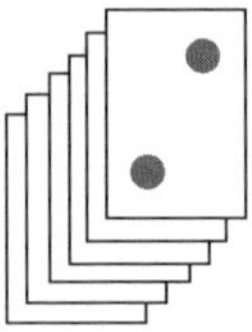

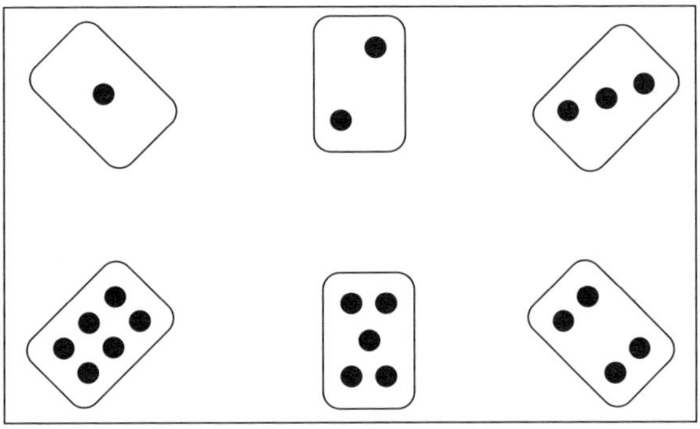

Remarque
Attention ! dans la fabrication du jeu, ne pas attribuer une même couleur ou une même forme aux quatre constellations du 1, puis une autre aux constellations du 2, etc. Les enfants classent alors selon le critère de la forme ou de la couleur, qui leur est plus familier, et ne voient pas la constellation.

Déroulement de la partie

• Ranger à l'emplacement prévu sur le plan de jeu les 24 cartes constellations.
• Un joueur lance le dé et prend la carte correspondante à la constellation indiquée par le dé.
• Quand il n'y a plus de cartes sur le tapis correspondant à la valeur du dé, le joueur passe son tour.
• Le jeu se termine quand toutes les cartes ont été prises.
• Le joueur qui a le plus grand nombre de cartes a gagné.

On commence d'abord le jeu avec des cartes constellations très dépouillées, en jouant uniquement sur la forme ou sur la couleur (les cartes à jouer sont plus difficiles à lire).

Ensuite, quand les enfants sont habiles à ce jeu, on introduit les cartes à jouer (un jeu de 52 cartes). C'est l'occasion de s'approprier un objet culturel que certains enfants ont la joie de reconnaître et de savoir nommer, et d'autres de découvrir. Autre avantage de ces cartes à jouer : l'écriture chiffrée des constellations figure sur les cartes.

Remarque
Ce jeu, comme tout jeu, nécessite un ou des gagnants. La question « Qui a gagné ? » suscite bien des interrogations. Plusieurs types de réponses apparaissent :
- « C'est moi ! », « Pourquoi ? », « Parce que... » ;
- des tentatives de dénombrement ;
- des tentatives de correspondance terme à terme en alignant les cartes sur la table.

L'enseignant n'esquive pas les problèmes, mais il n'exige pas qu'ils soient résolus par les élèves (ce n'est pas l'objectif de ce jeu). Il montre comment il y répond et permet aux enfants de s'approprier progressivement ces procédures en leur donnant du sens.

Variantes pour la Grande Section

• On peut présenter le jeu en donnant le matériel (cartes, support et dé) et laisser les enfants qui ont l'habitude de jouer aux cartes trouver une règle de jeu.

Exemple de règle proposée par des enfants :
- on distribue les cartes entre les joueurs ;
- on lance le dé et on range la carte correspondante sur le support ;
- celui qui a fini de ranger ses cartes le premier a gagné.

• Les enfants savent reconnaître et nommer les constellations. Les cartes à jouer portent l'écriture chiffrée des constellations. Ils savent réciter la comptine numérique dans l'ordre en pointant les constellations qui sont affichées en classe avec leur écriture.
On peut alors introduire un dé avec les six chiffres écrits ainsi qu'une bande numérique. Les élèves choisissent leur dé pour jouer (avec constellation ou avec écriture). Cette possibilité permet aux enfants moins audacieux ou moins experts d'observer et d'évoluer progressivement vers la construction et l'appropriation d'autres savoirs.

Remarque
Deux autres compétences sont, entre autres, en construction :
- associer le nom des constellations avec leur écriture chiffrée ;
- apprendre à utiliser une bande numérique pour lire l'écriture d'un nombre.

Compétence : reconnaître globalement et exprimer des petites quantités organisées en configurations connues

14

Exercices de validation individuelle

Apprendre, c'est aussi s'entraîner, appliquer, automatiser. Pour cela, les savoirs construits collectivement sont réinvestis individuellement. Cela permet aussi de gérer le travail en ateliers : un groupe est en situation d'apprentissage avec l'enseignant, pendant que les deux autres groupes travaillent en autonomie avec ou sans la présence de l'Atsem.
Le travail sur fiche en autonomie ne doit présenter aucune difficulté nouvelle et doit être accessible à tous les enfants.

Exercice 1

Compétence

Savoir ordonner des petites quantités organisées en configurations connues comme sur le modèle.

Consigne

Range les cartes dans la case qui convient.

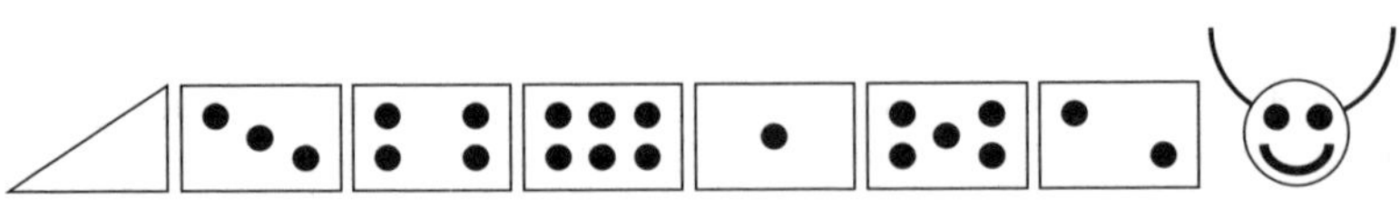

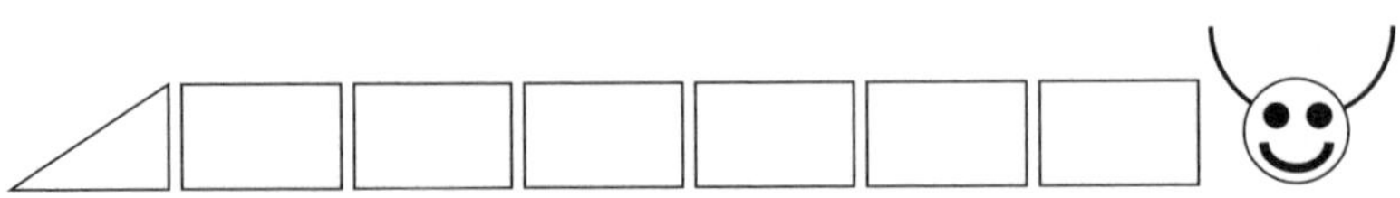

Chaque enfant dispose des cartes nécessaires pour compléter sa chenille sur le modèle de l'enseignant.

Exercice 2

Compétence

Savoir trier et classer des petites quantités organisées en configurations connues.

Consigne

Range les cartes dans la colonne qui convient.

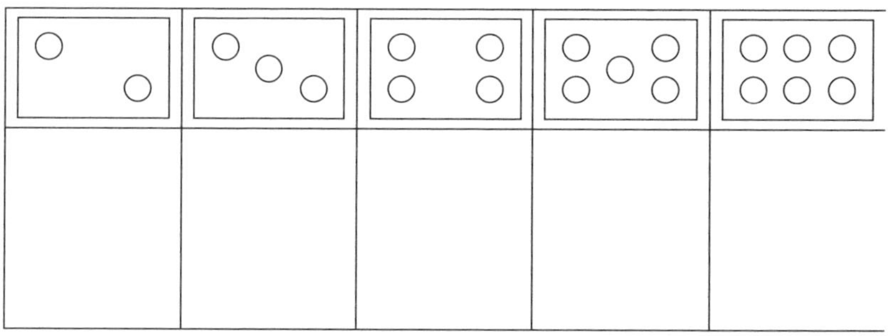

Cartes à découper

Exercice 3

Compétence

Reproduire des petites quantités organisées en configurations connues.

Consigne

Reproduis les cartes avec des gommettes, puis en dessinant.

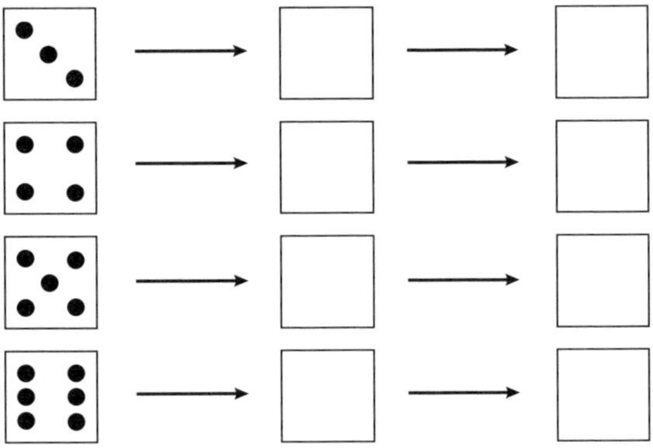

Exercice 4

Compétence

Reconnaître globalement et exprimer des petites quantités organisées en configurations connues et savoir appliquer une règle de jeu.

Consigne

Range les dominos à la place qui convient.

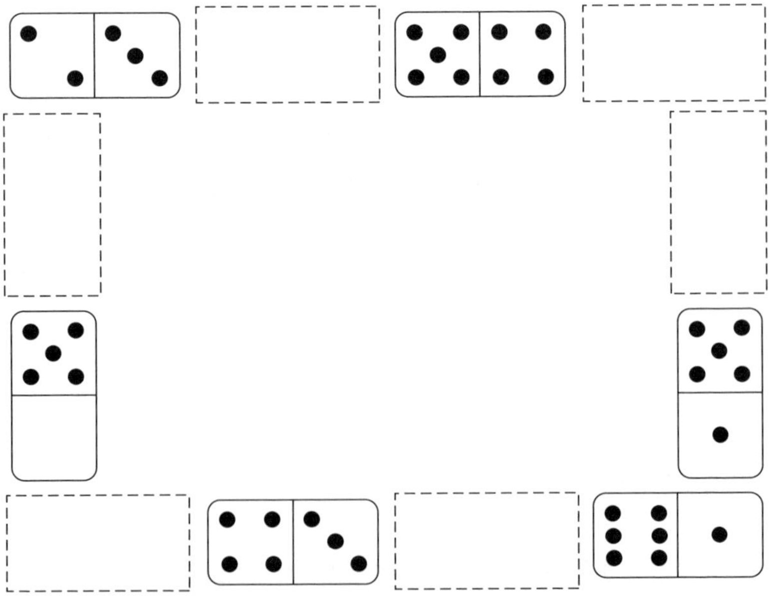

Cartes à découper

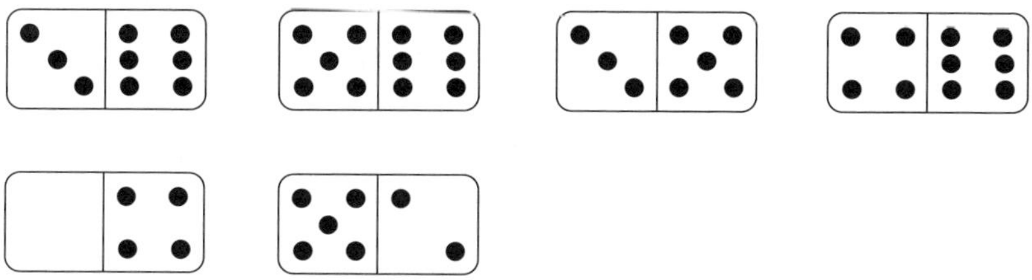

Exercice 5

Compétence

Reconnaître globalement et exprimer des petites quantités organisées en configurations connues et savoir appliquer une règle de jeu.

Consigne

Dessine les constellations des dominos manquants.

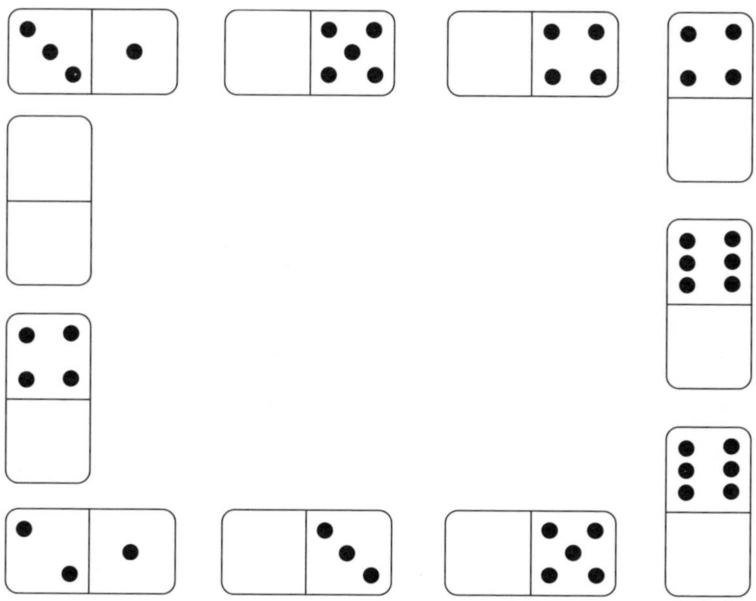

Compétence : reconnaître globalement et exprimer des petites quantités organisées en configurations connues

15

Évaluation

• L'enfant sait reconnaître visuellement les constellations.

Consigne

Reproduis le même alignement avec les cartes découpées.

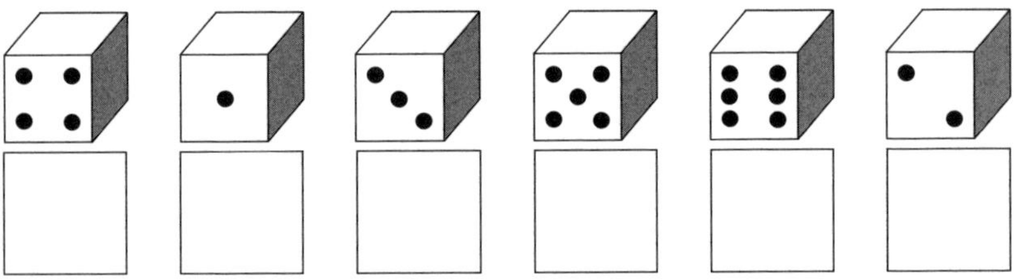

• L'enfant sait nommer la valeur du dé.

Consigne

Indique la valeur du dé. (L'enseignant écrit le nombre donné par l'enfant dans le cadre.)

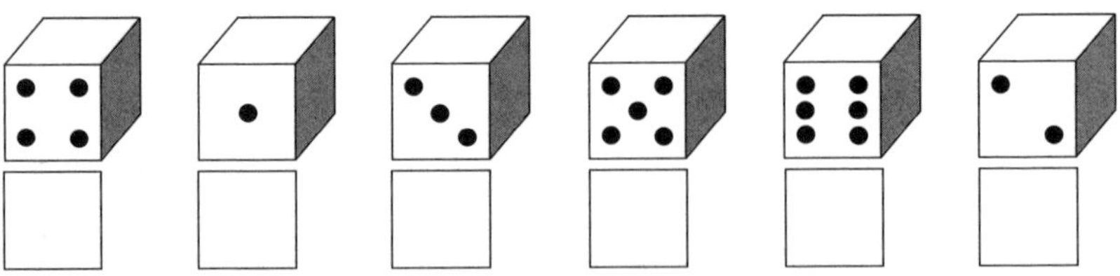

• L'enfant sait représenter de petites quantités.

Consigne

Reproduis le même alignement de dés avec les gommettes.

Bilan de la période

	Savoir acquis	Savoir à renforcer	Savoir en cours d'acquisition
L'enfant sait reconnaître les constellations.			
L'enfant sait nommer les constellations.			
L'enfant sait représenter des constellations.			

DÉNOMBRER UNE QUANTITÉ EN UTILISANT LA SUITE ORALE DES NOMBRES CONNUS

Objectif 1 :
Réaliser une collection ayant le même nombre d'éléments par les moyens de son choix

→

Objectif 2 :
Réaliser une collection ayant le même nombre d'éléments par reproduction de la constellation ou par dénombrement

→

Objectif 3 :
Réaliser une collection ayant le même nombre d'éléments par dénombrement

Comptines numériques

Compétence :
Dénombrer une quantité en utilisant la suite orale des nombres connus

Rituel du dénombrement des présents

Jeu :
Le damier

Jeu :
La course au but

Outil collectif affiché en classe
La bande numérique jusqu'à 30

Outil individuel
La bande numérique jusqu'à 30

Exercices de validation individuelle

ÉVALUATION

Qu'est-ce que dénombrer ?

Pour un élève, dénombrer une collection doit avoir une signification liée à une tâche. La situation des jetons (proposée ci-après) lui permet de maîtriser progressivement les multiples actions liées au dénombrement sur des quantités inférieures à dix dans le cadre d'une tâche consistant à recouvrir exactement les empreintes. Les cartes empreintes sont en rapport d'analogie avec les configurations qu'il a déjà fréquentées dans le cadre d'activités en rapport avec la compétence précédente (reconnaître globalement et exprimer des petites quantités organisées en configurations connues).

Les savoirs et les savoir-faire en jeu sont décrits dans la partie 2 (chapitre 52). Ils concernent essentiellement les principes de comptage et les procédures d'énumération des éléments des collections.

Un des intérêts principaux du choix du support (les cartes empreintes) réside dans la possibilité d'une validation autonome de l'élève. Il sait immédiatement s'il a rapporté juste ce qu'il faut pour couvrir les empreintes.

Situation : les jetons

Organisation : en groupe de 6 à 8 élèves

Matériel :

– des cartes constellations (4 jeux de 6 cartes) portant des empreintes ;
– des jetons (une cinquantaine).

Déroulement

Les jetons sont déposés sur une table à part (la banque).
L'enseignant donne une carte constellation à chaque élève.

Tâche pour l'élève

Aller chercher le nombre de jetons nécessaires pour recouvrir les empreintes de sa carte constellation.

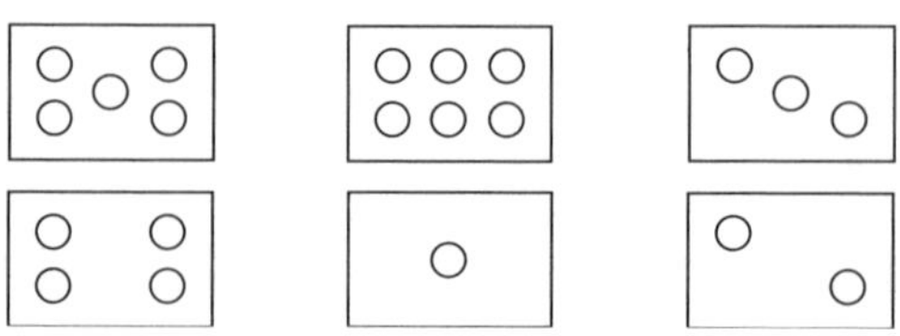

Compétence : dénombrer une quantité en utilisant la suite orale des nombres connus

16

Objectif 1 : réaliser une collection ayant le même nombre d'éléments par les moyens de son choix

Cette première phase familiarise l'élève avec la tâche (recouvrir les empreintes de la carte constellation avec le nombre de jetons nécessaires). Il s'agit de mettre au point une stratégie de résolution du problème posé et de la mettre en œuvre. Pour beaucoup d'enfants, il s'agit de mener à bien une procédure de type essais-erreurs.

Déroulement

Première situation

L'enseignant distribue à chaque enfant une carte constellation différente, ou non, en tenant compte des performances connues de chacun, puis il donne la consigne.

Consigne

Vous devez aller chercher des jetons pour recouvrir les empreintes de votre carte. Sur votre table, il ne doit pas y avoir d'autres jetons que ceux qui sont sur la carte.

Validation

Quand les enfants estiment avoir répondu à la consigne, la validation est réalisée par le groupe sur questionnement de l'enseignant :
– en s'adressant à un enfant : « Penses-tu avoir juste ? Pourquoi ? »
– en s'adressant au groupe : « Qu'en pensez-vous ? Pourquoi ? »

Cette validation collective permet de reformuler la consigne et de repréciser la tâche.

Remarques
• Cette consigne simple permet aux enfants de s'approprier le sens de la tâche.
Si certains repèrent le nombre d'empreintes et vont chercher le nombre de

jetons correspondants avec ou sans erreurs, d'autres partent chercher des jetons sans avoir cherché auparavant à savoir combien il leur faudra en ramener. Ils doivent donc faire plusieurs voyages soit pour ramener ceux qu'ils ont en trop, soit pour aller chercher ceux qui leur manquent. Cette phase pourra être reproduite plusieurs fois en variant la valeur des cartes jusqu'à ce que tout le groupe ait compris le sens de la tâche.
• Cette première situation permet aussi à l'enseignant d'observer les enfants et de pouvoir prévoir à quel niveau individuel de difficultés la suite du déroulement de la situation les confrontera.

Compétence : dénombrer une quantité en utilisant la suite orale des nombres connus

17

Objectif 2 : réaliser une collection ayant le même nombre d'éléments par reproduction de la constellation ou par dénombrement

En fixant la contrainte d'un seul voyage, on réduit à deux les types de procédures : par reconnaissance et reproduction des constellations ou par dénombrement. Dans les deux cas, il s'agit d'abord de mémoriser la quantité avant de ramener le nombre de jetons nécessaires.

Déroulement

Deuxième situation

Le dispositif reste le même, mais l'enseignant précise la consigne.

Consigne

Cette fois, vous ne pouvez faire qu'un seul voyage pour ramener le nombre exact de jetons.

Validation

Elle est réalisée par le groupe en référence à la carte constellation. Elle donne lieu à une verbalisation intéressante : « Il en a trop », « Il en manque », « Il y en a 2 en trop », « Il en manque 1 », « Il en fallait 4 : c'est juste »...

La correction est faite ensuite individuellement, avec ou sans l'aide de l'enseignant.

Cette situation pourra être reproduite plusieurs fois en variant la valeur des cartes. On aboutira à la formulation des procédures d'exécution :
– repérer le nombre d'empreintes ;
– mémoriser ce nombre ;
– aller chercher le nombre correspondant de jetons.

Les procédures de résolution

• Les enfants résolvent ce problème par reconnaissance et reproduction des constellations (il n'y a pas dénombrement) :

« C'est le 5. » L'enfant reproduit la constellation du 5.

• Par procédure mixte :

« C'est le 3. » L'enfant compte « 1, 2, 3 ».

• Par dénombrement :

« 1, 2, 3, 4, 5, 6. » L'enfant compte « 1, 2, 3, 4, 5, 6. C'est le 6. »

Ces diverses procédures sont appliquées avec ou sans erreurs. L'enfant peut valider son travail par lui-même et donc le corriger.

Le rôle de l'enseignant

• L'enseignant doit accompagner chaque élève, c'est-à-dire qu'il doit comprendre comment il procède, mettre des mots sur sa procédure et l'aider si nécessaire à aller au bout de sa démarche par un étayage verbal.
• Au niveau du groupe, l'enseignant fait formuler les différentes façons de résoudre la tâche et fait reconnaître la pertinence de ces différentes stratégies.

Compétence : dénombrer une quantité en utilisant la suite orale des nombres connus

18

Objectif 3 : réaliser une collection ayant le même nombre d'éléments par dénombrement

L'objectif est d'amener tous les enfants à pratiquer le dénombrement. Pour cela, l'enseignant change le support et les élèves travaillent avec d'autres cartes constellations où les quantités sont représentées de façons différentes.

Déroulement

Troisième situation

La consigne reste la même (ramener le nombre exact de jetons pour recouvrir les empreintes des cartes constellations en un seul voyage). Les enfants sont obligés de dénombrer pour réussir cette tâche.

Exemple de cartes proposées

(On travaille surtout sur les constellations du 4, du 5 et du 6 puisque, pour les trois premiers nombres, la reconnaissance est globale et ne nécessite pas le dénombrement.)

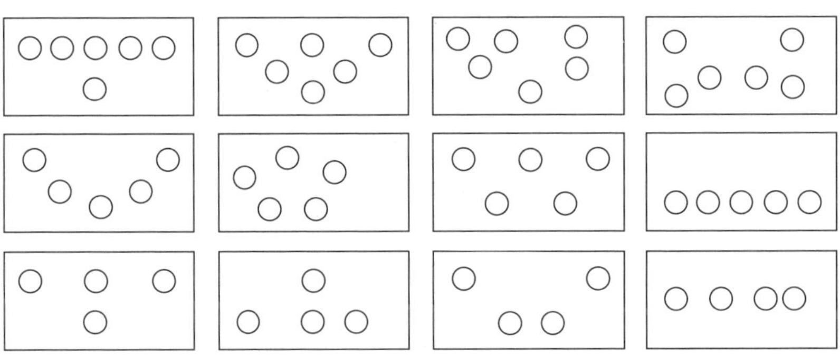

Variables didactiques

• **La valeur des cartes :** on peut ajouter des cartes constellations de valeur 7, 8, 9 et 10 en variant la configuration (comme sur l'exemple ci-dessous) pour les enfants les plus avancés, les autres ayant des cartes de 4, 5 ou 6.

• **La configuration spatiale :** les formes désorganisées sont les plus difficiles à dénombrer, on les réserve donc dans un premier temps aux plus experts.

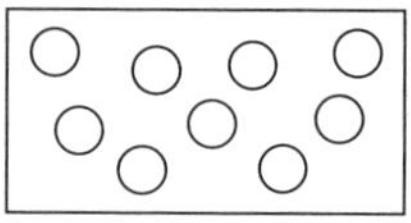

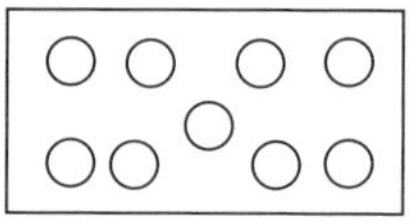

• **Le nombre de cartes :** conserver la même consigne mais donner deux cartes constellations par enfant. Cette situation, qui ouvre à d'autres compétences, n'est pas exploitée dans ce cadre-ci, mais elle permet de maintenir en activité les plus avancés et de leur poser des problèmes nouveaux.

La gestion de l'hétérogénéité

Les variables didactiques permettent de prendre en compte les compétences de chacun. Les élèves qui savent et qui avancent vite doivent toujours trouver de l'intérêt à l'activité par les relances que propose l'enseignant. Avec eux, le rôle de l'enseignant consiste à les stimuler (« Je te propose encore plus difficile »), à valider leur travail (« À ton avis, c'est juste ou tu as fait une erreur ? ») et à les féliciter pour leur réussite.
Ces enfants deviennent très vite autonomes. Ils vont chercher eux-mêmes les cartes constellations. (« Maîtresse, la prochaine fois, j'en prendrai 3 des cartes. ») Ils permettent ainsi à l'enseignant de disposer de plus de temps pour ceux qui en ont le plus besoin et de les prendre en charge en tout petit groupe.

Les difficultés rencontrées	Les aides proposées
La coordination pointage/récitation de la comptine.	Dissociation de la tâche : l'enseignant pointe, l'enfant récite, ou inversement.
La maîtrise du pointage : compter chaque objet une seule fois.	On laisse une trace sur chaque objet dénombré.
La gestion de la tâche : difficultés à ordonner et à coordonner les différentes étapes.	L'enseignant met en mots les différentes phases de la procédure.
La lourdeur de la tâche qui exige un double comptage (des empreintes et des jetons).	L'enseignant peut prendre en charge une partie de la tâche : – en passant commande à l'enfant du nombre de jetons ; – en jouant le rôle du banquier et en donnant à l'enfant le nombre de jetons qu'il lui demande.

Compétence : dénombrer une quantité en utilisant la suite orale des nombres connus

19

Jeux mathématiques associés

Le damier

Organisation : un groupe de 4 ou 5 enfants avec l'enseignant

Matériel :

– un damier (de 6 cases sur 4) par enfant;
– des jetons;
– un dé.

But du jeu

Remplir les cases du damier avec les jetons.

Déroulement

Chaque joueur lance le dé à tour de rôle et prend le nombre de jetons indiqué par le dé.
Le vainqueur est celui qui a rempli sa grille le premier.

Variantes

• **La quantité :** pour les plus jeunes, on peut jouer avec un dé qui ne donne que des 1, des 2 et des 3; dans ce cas, on prévoit un damier avec moins de cases. On peut aussi introduire la notion de « zéro » matérialisé par une face blanche sur le dé.

• **La lecture :** on peut introduire un dé en plus qui porte comme indication l'écriture chiffrée des nombres et laisser aux enfants le choix de leur dé (constellation ou nombre). On aura alors soin de prévoir une bande numérique qui associe constellation et écriture pour qu'ils puissent être autonomes.
Cette variante permet aux enfants de choisir leur niveau de difficultés, donc de prendre conscience de ce qu'ils savent faire, de ce qu'ils sont en train d'apprendre ou des progrès qu'ils ont accomplis par rapport au dernier jeu (clarté cognitive).

• **L'organisation des joueurs :** on peut spécialiser un joueur qui distribue le nombre de jetons. Cette organisation favorise les interactions entre les élèves et leur fait prendre davantage en charge la validation de la tâche.

• **Le nombre de dés :** on peut introduire deux dés avec sur chacun les configurations du 1, du 2 et du 3, et laisser les enfants choisir leur niveau de difficultés, c'est-à-dire jouer avec un dé constellation ou avec un dé portant l'écriture chiffrée ou avec deux dés. Les enfants résolvent ici des problèmes additifs.

• **Le sens des opérations :** en plus du dé constellation, on peut introduire un dé comportant le signe + sur cinq faces et le signe – sur une face. L'enfant lance les deux dés et, selon le jet, il ajoute ou retire de son damier le nombre de jetons désignés.

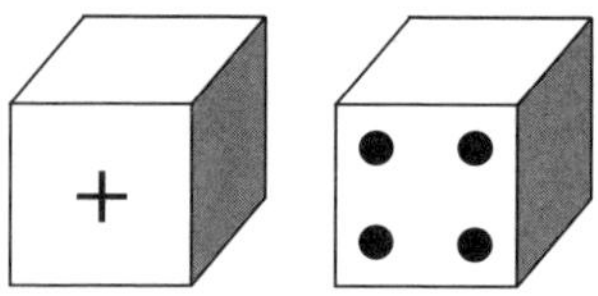

On ajoute 4 jetons

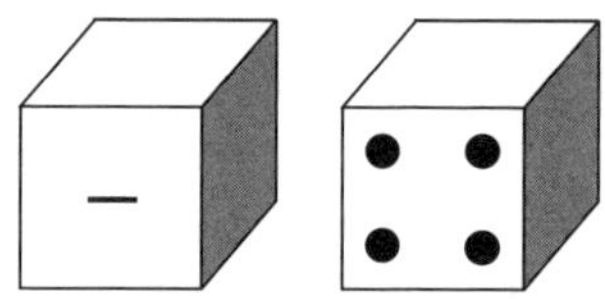

On retire 4 jetons

Cette variante introduit un signe mathématique qui fait très vite sens ; on apprend ainsi à modifier une quantité par ajout ou par retrait.

Remarques
• Ce jeu offre aux enfants un entraînement systématique au dénombrement des petites quantités, mais il permet aussi de mobiliser d'autres concepts.
• Les enfants verbalisent leur expérience et conceptualisent progressivement avec l'étayage de l'enseignant.
• Certains élèves utilisent encore une procédure de reproduction de la constellation pour prendre les jetons gagnés.

Exemples de tâches et d'attitudes en jeu dans l'activité du damier

• La comparaison en utilisant la quantité : « 6 c'est beaucoup, 1 c'est pas beaucoup. », « J'ai fait plus que lui, il a fait moins. »
• La comparaison en utilisant la disposition spatiale du damier : « Je vais gagner. », « J'en ai plus, regarde ! », « On est pareil. », « Il nous en manque 1 sur la ligne. »
• Une prévision : « Pour gagner, il faut que je fasse 4. »
• De l'argumentation : « Je vais gagner parce que... »

La course au but

Organisation : un groupe de 4 élèves avec l'enseignant

Matériel :

– une piste orientée ;
– un dé ;
– des pions.

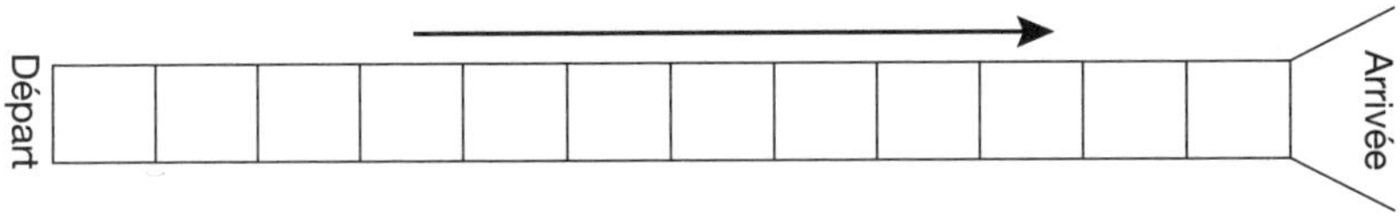

But du jeu

Parvenir le premier sur la case « Arrivée ».

Déroulement

Chaque enfant dispose d'un pion personnel pour se déplacer sur la piste. On lance le dé à tour de rôle et on avance d'autant de cases qu'indiquées. Le premier qui sort de la piste a gagné.

Cette situation familiarise l'élève à des déplacements sur une piste orientée. Elle prépare les déplacements sur une bande numérique et rend possible la participation à de nombreux jeux (petits chevaux, jeu de l'oie...).

Remarque
Les élèves sont confrontés à deux obstacles différents :
– garder le sens du déplacement (arrivés au milieu, certains élèves peuvent changer de sens et retourner vers la case départ) ;
– apprendre à ne pas compter la case sur laquelle se situe déjà le pion. Pour aider les enfants en difficulté, l'enseignant peut nommer le point de départ « zéro » et ensuite dérouler la comptine des nombres.

Compétence : dénombrer une quantité en utilisant la suite orale des nombres connus

20

Exercices de validation individuelle

Exercice 1

Compétence

Dénombrer une quantité en utilisant la suite orale des nombres connus.

Consigne

Trie les cartes en fonction du nombre de jetons et range-les dans le tableau.

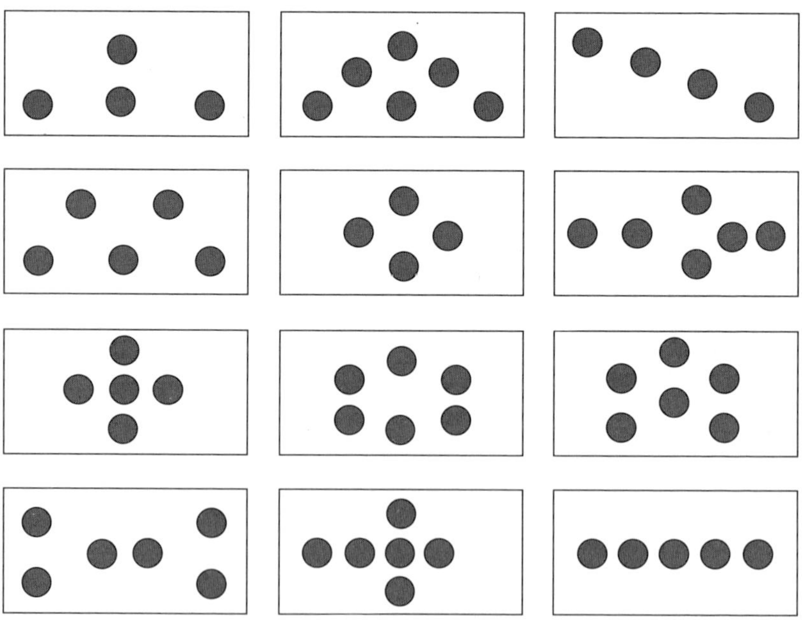

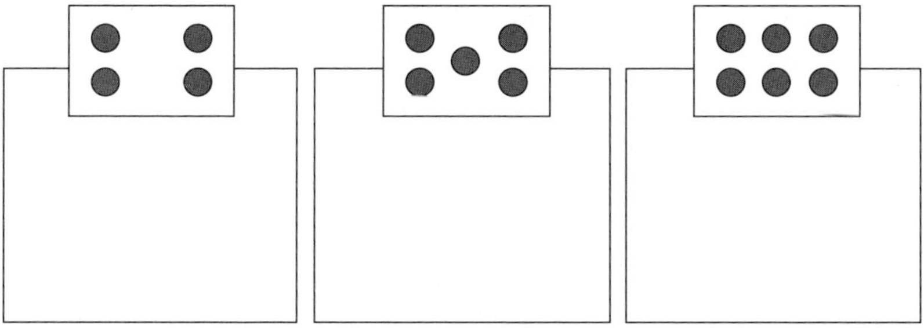

Exercice 2

Compétence

Dénombrer une quantité en utilisant la suite orale des nombres connus.

Consigne

Colorie le nombre de ronds indiqué par le dé.

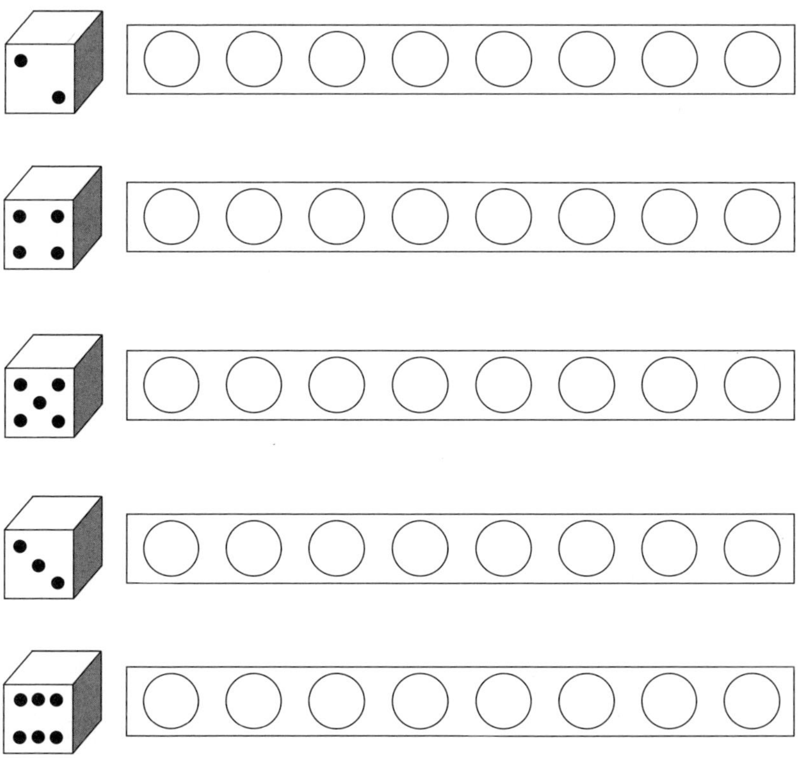

Compétence : dénombrer une quantité en utilisant la suite orale des nombres connus

21

Évaluation

Exercices

Compétence

Savoir dénombrer une collection sans erreur.

Consigne

Indique le nombre de formes contenues dans chaque paquet.

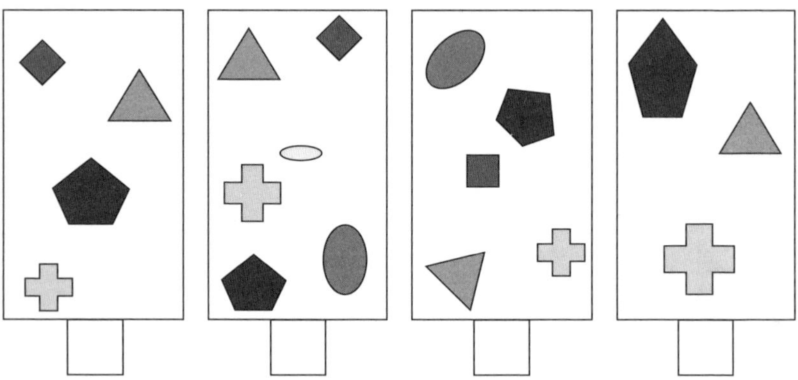

Consigne

Dessine le nombre de ronds demandé. (C'est l'enseignant qui lit le nombre.)

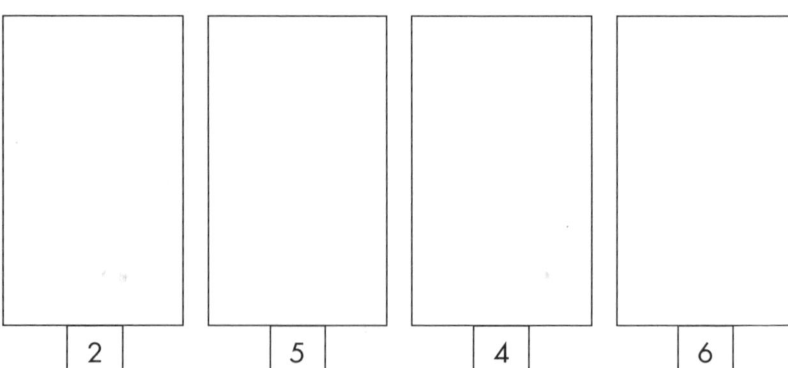

Consigne

Indique le nombre de formes contenues dans chaque paquet.

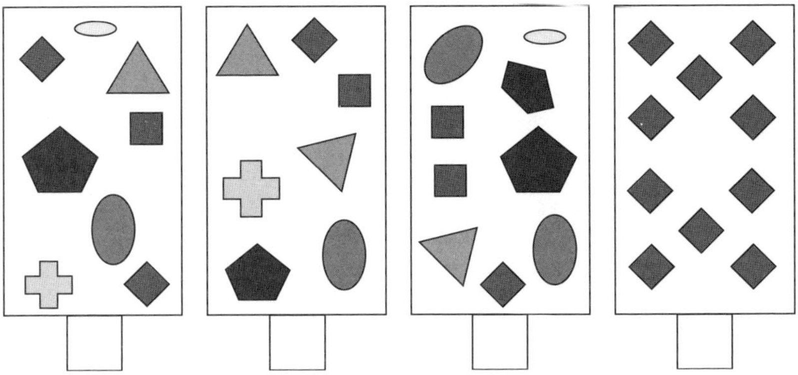

Bilan de la période

	Pour les nombres inférieurs ou égaux à 6	Pour les nombres supérieurs à 6
L'enfant sait réciter la comptine des nombres dans l'ordre (1, 2, 3, 4...).		
L'enfant sait associer un nombre à chaque objet.		
L'enfant sait pointer tous les objets une seule fois.		
L'enfant sait coordonner pointage et récitation de la comptine des nombres.		
L'enfant sait arrêter le comptage une fois tous les objets comptés.		
L'enfant sait en fin de procédure indiquer le nombre d'objets de la collection.		
En cas d'erreur, l'enfant peut vérifier et trouver la réponse juste.		

- **Compétence confirmée :** l'enfant sait dénombrer.
- **Compétence à renforcer :** les résultats sont justes de 1 à 6.
- **Compétence en cours d'acquisition :** il maîtrise certaines procédures de manière constante.
- **Compétence non acquise :** la procédure est aléatoire.

COMPARER DES QUANTITÉS EN UTILISANT DES PROCÉDURES NON NUMÉRIQUES OU NUMÉRIQUES

Compétence :
Comparer des quantités en utilisant des procédures non numériques ou numériques

Objectif 1 :
Construire collectivement la représentation d'un problème en grand groupe

Objectif 2 :
Construire des procédures de résolution de problème : découvrir et appliquer la correspondance terme à terme entre éléments

Objectif 3 :
Construire des procédures de résolution de problème : découvrir et appliquer la correspondance terme à terme entre sous-ensembles

Objectif 4 :
Construire des procédures de résolution de problème : découvrir et appliquer des procédures numériques

Jeu :
La bataille

Jeu :
Le vide-poche

Exercices de validation individuelle

ÉVALUATION

Les enjeux des apprentissages

Quels sont les enjeux des apprentissages concernant l'acquisition de procédures de comparaison des quantités à la maternelle ? Deux types de procédures sont possibles ; elles correspondent à l'utilisation des propriétés des deux aspects fondamentaux du nombre.

• Pour comparer deux quantités, la première catégorie de procédures consiste à établir une **correspondance terme à terme** entre les éléments des deux collections. Une fois ce savoir acquis, la difficulté pour l'élève est de mettre en œuvre cette procédure heuristique en fonction du contexte :
– signification de l'appariement entre les éléments des collections ;
– possibilité de déplacer les éléments, de tracer des liens sur un support ;
– nombre d'éléments des collections ;
– nature des éléments.

Cette procédure s'étend à la procédure de mise en correspondance paquet par paquet.

• La seconde catégorie de procédures consiste à **dénombrer** les éléments des deux collections et à **comparer** les deux nombres obtenus. L'élève doit acquérir un savoir : le nombre le plus grand est celui qui vient après dans la comptine des nombres ou sur la bande numérique. La mise en œuvre de cette procédure exige donc l'appui d'au moins un des deux codes de la numération. Les difficultés dépendent dans ce cas des conditions du dénombrement des deux collections, puis des nombres à comparer.

Situation : les boîtes à œufs

Organisation : en groupes de 8 à 10 élèves

Matériel :

– des boîtes de 6 et 12 œufs ;
– des œufs (on peut utiliser, par exemple, la boîte en plastique jaune des œufs Kinder, puis, quand le problème a fait sens, on remplace la boîte par des pions).

Tâche pour l'élève

Répondre à la question suivante : « Est-ce qu'on pourra ranger tous les œufs dans la boîte ? »

La situation des boîtes à œufs a été choisie car elle donne du sens à la mise en correspondance entre un œuf et un emplacement dans une boîte, mais aussi pour les possibilités de représentation qu'elle offre. Elle permet, en fonction de modifications des variables didactiques, d'envisager les deux types de procédures et d'établir des liens entre elles : les élèves peuvent acquérir la certitude qu'à la collection qui a le plus d'éléments dans la mise en correspondance terme à terme correspond un nombre d'éléments qui est plus éloigné dans la comptine ou sur la bande numérique (lien entre l'aspect cardinal et l'aspect ordinal).

La situation des boîtes à œufs permet également de mettre en place un apprentissage de la résolution de problèmes, en particulier de la construction et de la mise en œuvre de procédures, dans le cadre d'interactions réglées par des moments de recherche et de coopération, de confrontation, de validation et de synthèse.

Déroulement d'une séquence de résolution de problème

Organisation du groupe	Fonction	Objectifs
En grand groupe	Construction collective de la représentation du problème	• Recontextualisation du problème dans un récit • Reformulation de la question • Définition des critères de réussite • Élimination des significations non pertinentes
En binôme	Construction de la résolution du problème (le travail des élèves)	• Recherche d'une procédure qui permet de répondre au problème posé • Adoption d'un type de procédure • Mise en œuvre de la procédure choisie et, éventuellement, modification pour atteindre le but • Formulation de la réponse à la question posée • Savoir dissocier la procédure du résultat (la procédure est un moyen au service d'une fin qui est la résolution du problème)
En grand groupe	Confrontation des travaux (la parole des élèves et celle de l'enseignant qui anime)	• Exposition des résultats et explication des procédures utilisées • Validation des résultats et des procédures par le groupe-classe • Admettre qu'il existe d'autres procédures et essayer de les comprendre. Identifier des erreurs dans le choix d'une procédure et dans la mise en œuvre
En grand groupe	Synthèse et institutionnalisation (la parole de l'enseignant)	• Récit de rappel (but et moyen) • Mise en évidence et mise en relation des savoir-faire procéduraux pertinents (économie et adaptation au problème posé) • Institutionnalisation des savoirs et des savoir-faire découverts (de type prescriptif)

Compétence : comparer des quantités en utilisant des procédures non numériques ou numériques

22

Objectif 1 : construire collectivement la représentation d'un problème en grand groupe

La relation d'appariement (la relation entre un œuf et un emplacement) donne du sens à la procédure de correspondance terme à terme.
Les élèves apprennent à utiliser les expressions *plus que*, *moins que* et *autant que*. Ils apprennent également à utiliser une règle d'inférence : si A est plus petit que B, B est plus grand que A.

Déroulement

Première situation

En grand groupe, l'enseignant présente le matériel et pose le problème : « J'ai des œufs (il en montre 4) et une boîte à œufs (qu'il montre également). Est-ce que je peux ranger tous mes œufs dans la boîte ? »

Exemple d'argumentation, de réalisation et de réponse par un élève

« 4 œufs et 6 places.
Il y a plus de places que d'œufs. → Il y a 2 places de plus.
Il y a moins d'œufs que de places. → Il manque 2 œufs. »

Poser de nouveau le problème en grand groupe en modifiant le nombre d'œufs (7, par exemple).

Remarques
- Les enfants résolvent ce problème en utilisant des données numériques. Cependant, on ne peut pas parler de situation qui mobilise la relation quantité-quotité dans la mesure où le 4 est une petite quantité reconnue globalement ; de même, le 6 de la boîte est reconnu par son organisation spatiale.
- Le vocabulaire de la comparaison (plus que, moins que, pareil, autant) se met rapidement en place. Les enfants le manipulent tous les matins dans le rituel de l'appel et l'utilisent dans ce nouveau contexte (voir p. 167).

Deuxième situation

L'enseignant pose le problème en grand groupe :
« Comme je n'ai pas assez d'œufs et que c'est fragile, on va représenter les œufs par les jetons. Vous allez travailler par deux.
Je donnerai toujours le même nombre de jetons et de boîtes à chaque groupe. Je vous donne ces boîtes (4) et ces jetons (25).
Pouvez-vous me dire si on pourra ranger tous les œufs dans les boîtes. »

Le travail de recherche se fait en binôme, la validation en grand groupe. La synthèse est réalisée par l'enseignant (voir le tableau, p. 85).

Remarques
- Dans leur tentative de résolution de problème, certains élèves mettent plusieurs jetons dans la même alvéole. L'enseignant doit rappeler que le jeton représente un œuf et que, par conséquence, on ne peut mettre qu'un œuf (jeton) dans chaque alvéole.
- Il peut être nécessaire de reposer le même problème avec d'autres données (3 boîtes et 16 jetons) pour être sûr que les enfants ont bien compris le sens de la situation. Ce qui est évident dans la première situation avec de petits nombres ne l'est plus avec des nombres plus grands, d'où la nécessité, si l'on veut travailler cette compétence, de réaliser l'activité avec de plus grandes quantités.

Compétence : comparer des quantités en utilisant des procédures non numériques ou numériques

23

Objectif 2 : construire des procédures de résolution de problème (découvrir et appliquer la correspondance terme à terme entre éléments)

Déroulement

Troisième situation

L'enseignant pose le problème en grand groupe : « Cette fois, j'ai dessiné les œufs et les boîtes sur une feuille (il montre le schéma). Pourra-t-on ranger tous les œufs dans les boîtes ? »

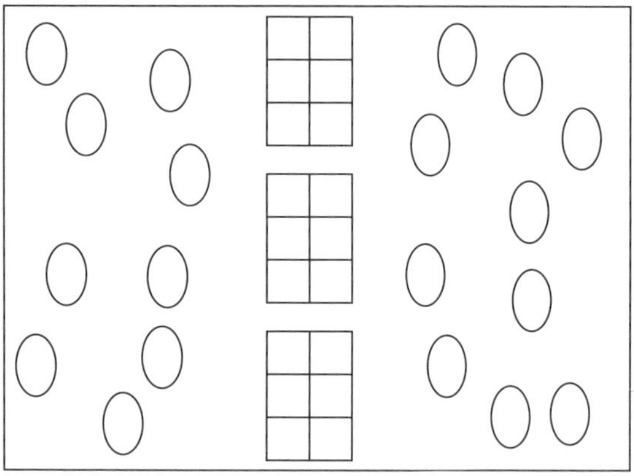

Le travail de recherche se fait en binôme, la validation en grand groupe. La synthèse est faite par l'enseignant (voir le tableau, p. 85).

Remarques
• Certains élèves tentent de résoudre ce problème par le dénombrement, mais :
– ils font des erreurs de dénombrement ;
– ils perdent de vue le sens du problème : soit ils comptent une seule collection, soit ils comptent les alvéoles et les œufs. Quand ils ont correctement dénombrés chacune des collections, la comparaison des deux cardinaux ne s'impose pas à eux d'emblée comme réponse à la question posée.

• Dans le cas d'une classe qui maîtrise bien le dénombrement, il faut poser le problème avec des nombres plus grands si l'on veut que les enfants appliquent la correspondance terme à terme comme procédure efficace et fiable.

Un savoir se construit : pour comparer des collections, il faut associer un à un les éléments de chaque collection.

Remarque
Il est nécessaire de faire plusieurs exercices de ce type pour :
– bien savoir mettre en œuvre la procédure ;
– bien savoir la reconnaître comme une procédure et donc savoir en lire le résultat ;
– apprendre aux élèves à mettre en œuvre cette procédure de façon claire et lisible sur la feuille (gestion de l'espace).

D'autres savoirs sont également en construction. Quand l'enfant a associé un à un les éléments de chaque collection :
– s'il ne reste aucun élément seul dans chaque collection, cela veut dire qu'il y en a autant dans cette collection que dans l'autre (« la même chose » ou « pareil », disent certains enfants) ;
– s'il reste un ou plusieurs éléments seuls dans une collection, cela veut dire qu'il y a plus d'éléments dans cette collection que dans l'autre.

Compétence : comparer des quantités en utilisant des procédures non numériques ou numériques

24

Objectif 3 : construire des procédures de résolution de problème (découvrir et appliquer la correspondance terme à terme entre sous-ensembles)

Déroulement

Quatrième situation

L'enseignant pose le problème en grand groupe :
« Cette fois, je n'ai dessiné que les œufs. Il y a 4 boîtes. Les voilà, je les laisse sur la table pour que vous vous en rappeliez.
La question est la même : je veux savoir si l'on pourra ranger tous les œufs dans les boîtes. Souvenez-vous qu'on ne peut mettre qu'un œuf par alvéole.
À vous de trouver la réponse ! »

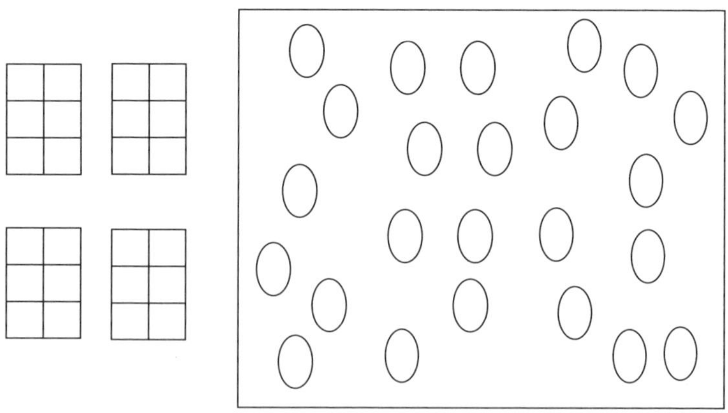

Le travail de recherche se fait en binôme et la validation en grand groupe. La synthèse est réalisée par l'enseignant (voir le tableau, p. 85).

Remarque
Les enfants ne peuvent plus appliquer la correspondance terme à terme directe comme dans les autres cas. Certains essaient de dessiner les boîtes sur la feuille et d'appliquer la technique de la correspondance terme à terme,

qui n'est pas opérante (il y a trop d'éléments). La solution est donc de faire des paquets de six.

Cinquième situation

L'enseignant pose le problème en grand groupe :
« J'ai dessiné les œufs. J'ai 3 boîtes d'œufs : une boîte de 6, une boîte de 10 et une boîte de 12. Peut-on ranger tous les œufs dans les boîtes ? »

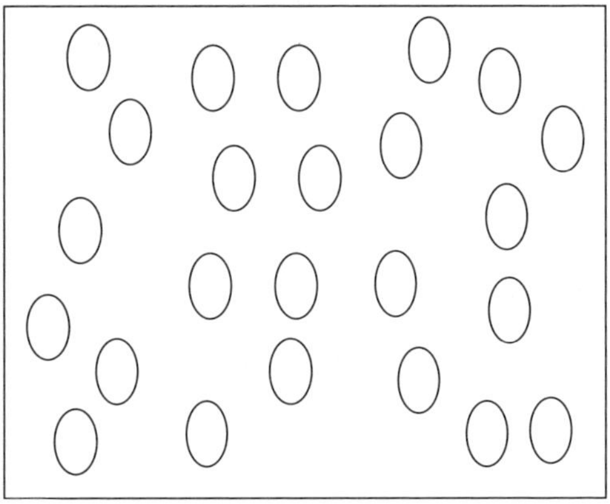

Remarque
Il est nécessaire de faire plusieurs exercices de ce type pour :
– bien savoir mettre en œuvre la procédure ;
– bien savoir la reconnaître comme une procédure et donc savoir en lire le résultat ;
– apprendre aux élèves à mettre en œuvre cette procédure de façon claire et lisible sur la feuille (gestion de l'espace).

Compétence : comparer des quantités en utilisant des procédures non numériques ou numériques

25

Objectif 4 : construire des procédures de résolution de problème (découvrir et appliquer des procédures numériques)

Déroulement

Sixième situation

L'enseignant pose le problème en grand groupe : « J'ai 15 œufs et 2 boîtes de 6. Peut-on ranger tous les œufs dans les boîtes ? »

Les enfants ne disposent d'aucun support, juste l'énoncé oral. Le travail de recherche se fait en binôme, la validation en grand groupe. La synthèse est réalisée par l'enseignant (voir le tableau, p. 85).

Compétence : comparer des quantités en utilisant des procédures non numériques ou numériques

26

Jeux mathématiques associés

La bataille

Organisation : 2 ou 3 joueurs

Matériel :

– un jeu de 52 cartes (sans les têtes);
– une bande numérique.

But du jeu

Remporter toutes les cartes.

Déroulement

Distribuer les cartes une à une aux joueurs qui en font un paquet.
Chaque joueur prend la carte du dessus et la pose sur la table.
La carte la plus forte l'emporte; le gagnant ramasse les cartes et les met sous son paquet.
Dans le cas où les cartes posées ont la même valeur, il y a bataille et ce sont les cartes suivantes qui départagent les joueurs.
Le vainqueur est celui qui possède toutes les cartes.

Variantes

• La bataille payante : celui qui a perdu doit donner la carte qui est située au-dessus de son jeu au gagnant.
• Le jeu de tarot : même règle mais avec deux jeux de tarots de 1 à 21.

Remarque
La plus grosse difficulté est de penser à prendre la carte qui est dessus et à ranger les cartes gagnées dessous.

Le vide-poche

Organisation : 2 à 4 joueurs

Matériel :

– des jetons (20 par joueur);
– des dés;
– un damier de 60 cases.

But du jeu

Se débarrasser de ses jetons.

Déroulement

Chaque joueur dispose de 20 jetons en début de partie.
Les joueurs lancent chacun leur dé : celui qui a fait le plus grand nombre a le droit de jouer.
Il dépose alors le nombre de jetons indiqué par son dé sur le damier.
Quand il y a égalité, on relance les dés pour départager les joueurs.
Celui qui s'est débarrassé le premier de tous ses jetons a gagné.

Compétence : comparer des quantités en utilisant des procédures non numériques ou numériques

27

Exercices de validation individuelle

Exercice 1

Compétence

Être capable de comparer des collections.

Consigne

Peut-on donner un ballon à chaque personnage ?
Entoure la bonne réponse : OUI NON

Exercice 2

Compétence

Être capable de comparer des collections.

Consigne

Peut-on donner un ballon à chaque personnage ?
Entoure la bonne réponse : OUI NON

Exercice 3

Compétence

Être capable de comparer des collections.

Consigne

Entoure la collection qui a le plus d'éléments.

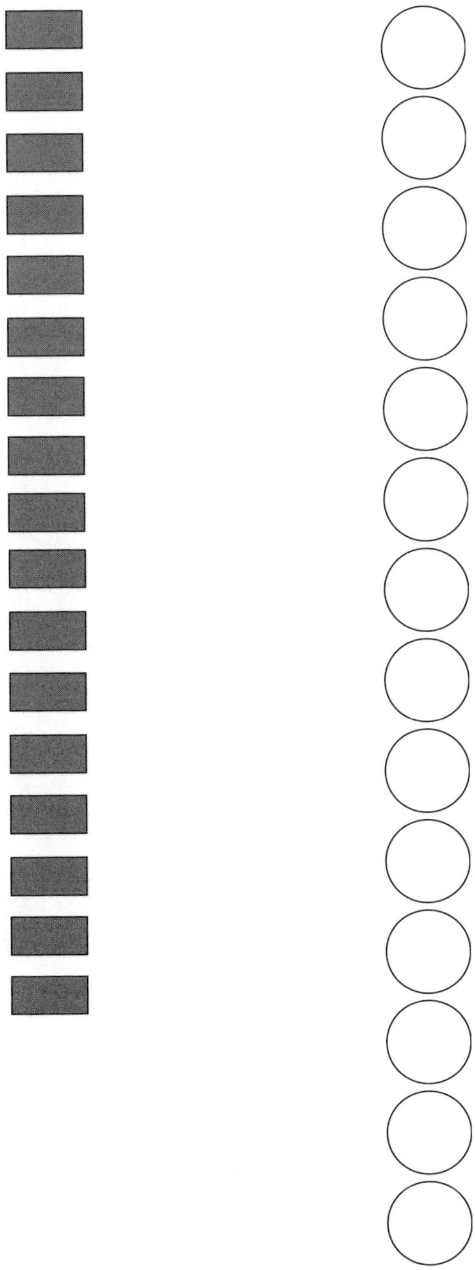

Exercice 4

Compétence

Être capable de comparer des collections.

Consigne

Entoure la collection qui a le moins d'éléments.

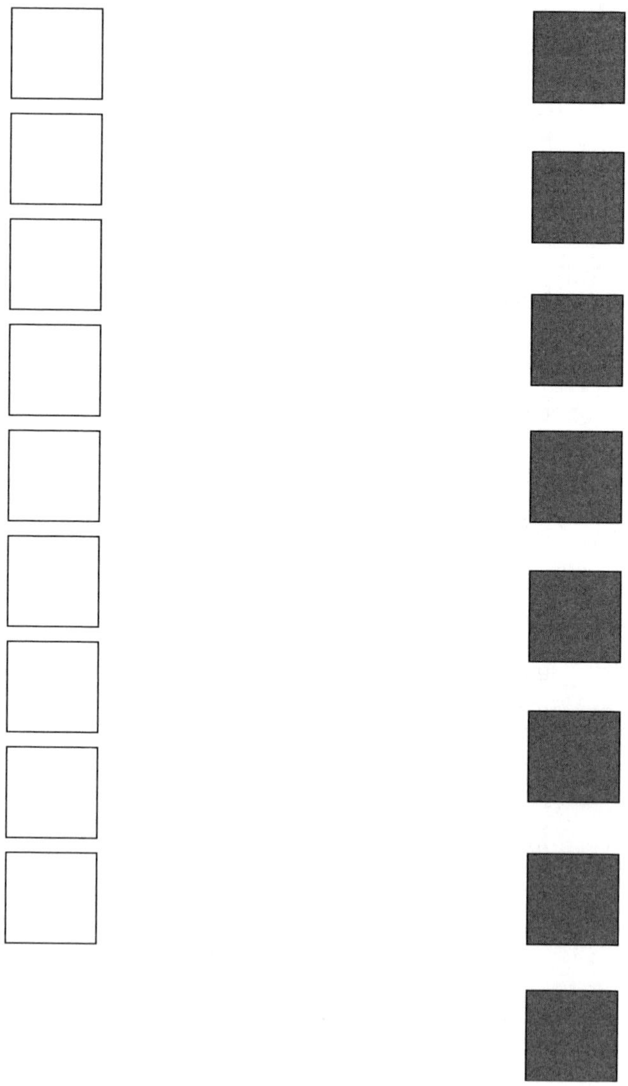

Exercice 5

Compétence

Être capable de comparer des collections.

Consigne

Pour chaque partie, entoure le dé qui indique le nombre le plus grand.

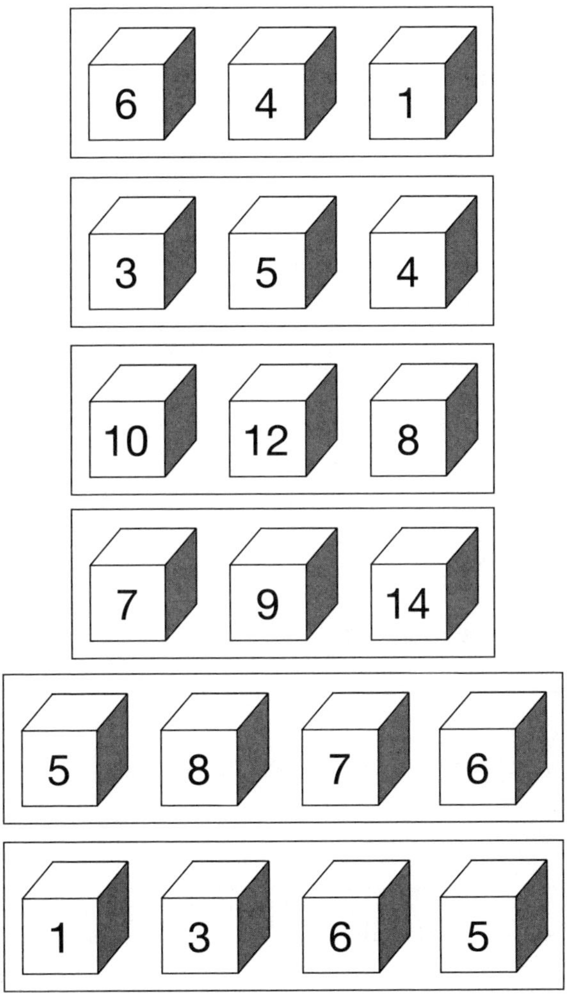

Compétence : comparer des quantités en utilisant des procédures non numériques ou numériques

28

Évaluation

Niveau : Grande Section

Exercices

Consigne

Entoure la figure qui a le plus de points noirs. Barre celle qui en a le moins.

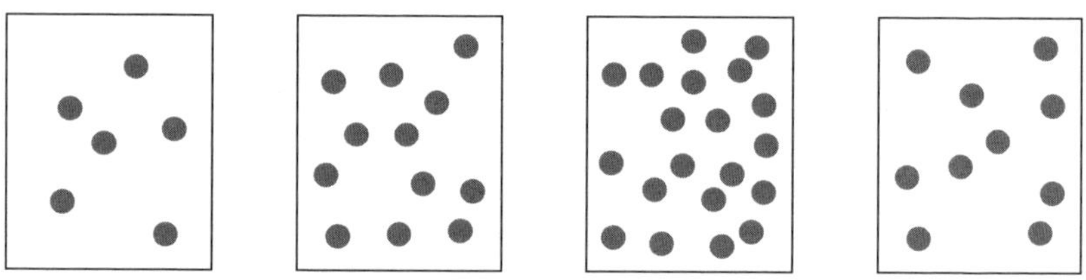

Procédure utilisée	
Comptage	
Correspondance terme à terme	
Estimation visuelle	

Consigne

Entoure la collection qui a le plus d'éléments.

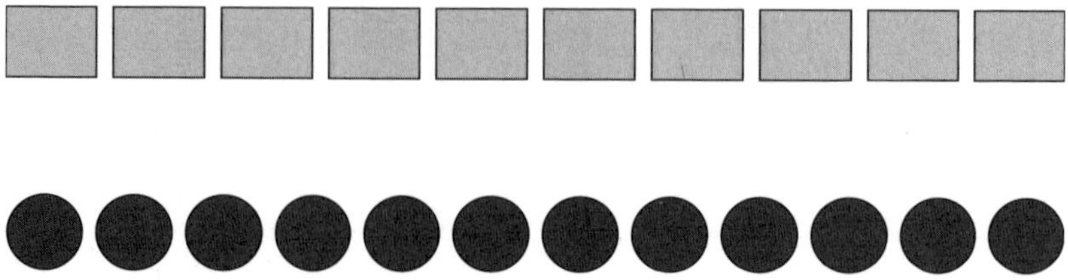

Procédure utilisée	
Comptage	
Correspondance terme à terme	
Estimation visuelle	

Consigne

Quelle collection a le moins d'éléments ? Entoure la bonne réponse.

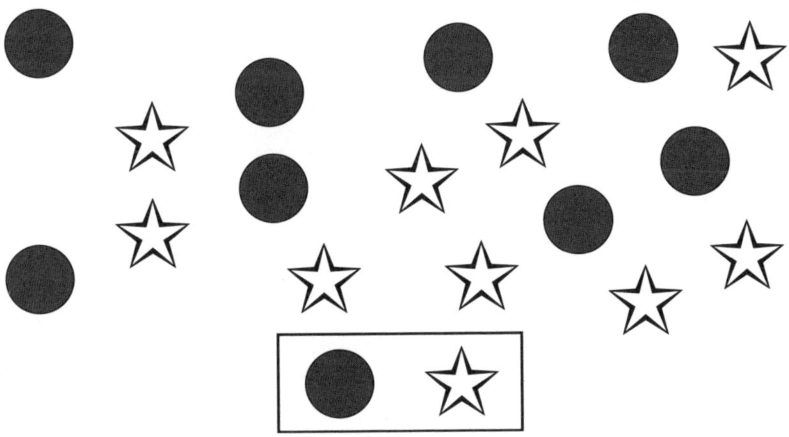

Procédure utilisée	
Comptage	
Correspondance terme à terme	
Estimation visuelle	

Consigne

Entoure la boîte qui a le moins de points.

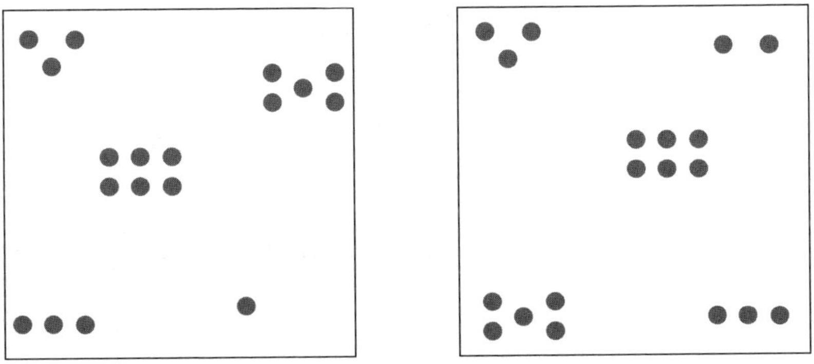

Procédure utilisée	
Comptage	
Correspondance terme à terme	
Estimation visuelle	
Utilisation des groupements	

Consigne

Entoure l'empilage qui est constitué avec le plus de briques.

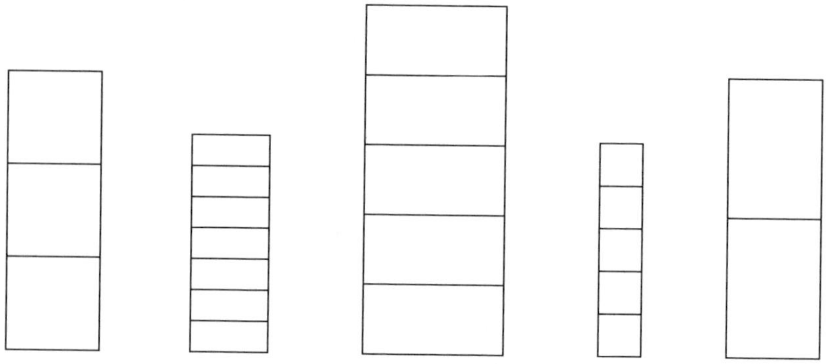

Procédure utilisée	
Comptage	
Estimation visuelle	

Consigne

Dans chaque série, entoure l'enveloppe qui a le plus de jetons.

Bilan de la période

	Compétence affirmée	Compétence à renforcer	Compétence en cours d'acquisition
L'enfant sait appliquer la correspondance terme à terme.			
L'enfant sait utiliser les regroupements pour comparer des quantités.			
L'enfant sait exprimer le résultat de la comparaison avec le vocabulaire approprié.			
L'enfant sait dire que : si x > y, alors y < x.			
L'enfant sait choisir la procédure la plus économique.			
L'enfant est capable d'utiliser des données numériques pour comparer des collections.			
L'enfant est capable de reconnaître son erreur et de rectifier.			
L'enfant est totalement autonome.			

- **Compétence confirmée :** l'enfant sait comparer des quantités, il satisfait à tous les items avec quelques erreurs dans la résolution.
- **Compétence à renforcer :** 1 ou 2 items ne sont pas acquis, mais il maîtrise les autres procédures.
- **Compétence en cours d'acquisition :** un nombre restreint de procédures est acquis.
- **Compétence non acquise :** une majorité de procédures sont aléatoires.

ASSOCIER LE NOM DES NOMBRES CONNUS AVEC LEUR ÉCRITURE CHIFFRÉE EN SE RÉFÉRANT À UNE BANDE NUMÉRIQUE

Objectif 1 :
Reconstituer une collection à partir d'un nombre (savoir nommer)

→ **Objectif 2 :**
Reconstituer une collection à partir d'un nombre (savoir représenter)

→ **Objectif 3 :**
Savoir utiliser une bande numérique pour lire ou pour écrire un nombre

Rituel du matin : dénombrement des élèves

Compétence :
Associer le nom des nombres connus avec leur écriture chiffrée en se référant à une bande numérique

Jeu : Le trésor

Jeu : Les œufs de Pâques

Jeu : Le nombre mystérieux

Jeu : La roue

Outil collectif affiché en classe
La bande numérique jusqu'à 31

Outil individuel
La bande numérique jusqu'à 31

Exercices de validation individuelle

ÉVALUATION DE FIN D'ANNÉE

Situation : le jeu de la banque

La situation du jeu de la banque (un jeu de communication) permet par un jeu de variables didactiques d'associer différentes représentations des nombres : codage oral et codage écrit de la numération décimale en association avec des représentations iconiques. La mise en correspondance de ces différents registres aide à la constitution de réseaux de significations concernant le nombre.

Organisation : en groupe de 6 à 10 élèves

Matériel :

– les mêmes cartes que précédemment avec une extension du champ numérique jusqu'à 10;
– des jetons.

Déroulement des séances

Les enfants sont regroupés par paire et vont travailler en binôme : l'un sera « client », l'autre « banquier », puis on inversera les rôles.
Chaque banquier disposera sur sa table d'un capital de jetons.
L'enseignant donnera à chaque client une carte constellation.

Tâche pour le client

Aller demander à son banquier le nombre de jetons nécessaires pour recouvrir les empreintes de sa carte constellation.

Tâche pour le banquier

Donner au client le nombre de jetons demandé.

Compétence : associer le nom des nombres connus avec leur écriture chiffrée en se référant à une bande numérique

29

Objectif 1 : reconstituer une collection à partir d'un nombre (savoir nommer)

Déroulement

Première situation

L'enseignant distribue à chaque client une carte constellation différente (en tenant compte des performances connues de chacun), puis il leur donne la consigne : « Vous devez aller chercher le nombre de jetons nécessaires mais, cette fois, vous ne les prenez pas : c'est votre banquier qui vous les donne. »
Enfin, l'enseignant donne la consigne aux banquiers : « Vous devez donner le nombre exact de jetons que le client vous demande. »

Rôle de l'enseignant

L'enseignant contrôle la gestion de la tâche (veiller à ce que chacun remplisse son rôle), qu'il valide ensuite. Il veille à favoriser les interactions entre binômes.

Validation

La validation est normalement assurée par le dispositif. Mais, en cas d'échec, la cause doit être recherchée soit auprès du client (qui a passé une commande erronée), soit auprès du banquier (qui s'est trompé dans son compte). Le rôle de l'enseignant est alors d'aider le binôme à trouver l'origine de l'erreur et à y remédier.

Cette première situation permet de résoudre à nouveau des problèmes de dénombrement (renforcement des connaissances).
Quand la capacité à dénombrer une petite quantité est bien automatisée, on peut poser aux enfants d'autres problèmes et passer au deuxième objectif.

Compétence : associer le nom des nombres connus avec leur écriture chiffrée en se référant à une bande numérique

30

Objectif 2 : Reconstituer une collection à partir d'un nombre (savoir représenter)

Déroulement

Deuxième situation

Matériel :

– des crayons ;
– des bandes de papier.

Le dispositif reste le même, mais la consigne se précise : « Vous n'avez plus le droit de dire avec votre bouche combien vous voulez de jetons. »

Phase de recherche collective

Comment communiquer sans parler ? Les propositions sont rares ou nombreuses. On peut citer notamment :
– articuler avec la bouche (la proposition est refusée parce qu'elle n'est pas conforme à la consigne) ;
– montrer avec les doigts (cette proposition, qui est pertinente avec la consigne, est acceptée et mise en œuvre).

Dans ce cas, l'enseignant complique la consigne : « Vous n'avez plus le droit de dire avec votre bouche combien vous voulez de jetons, ni de le montrer avec vos doigts. Comment allez-vous faire ? »
Si les enfants n'ont aucune idée, l'enseignant leur suggère d'écrire.

Phase de recherche individuelle

L'enseignant donne une carte constellation à chaque client et met à sa disposition un crayon et du papier pour qu'il puisse écrire sa commande.

Les procédures de résolution

Les enfants résolvent ce problème :

• Par la reproduction de la constellation :

• Par la représentation du nombre :

• Par une écriture :

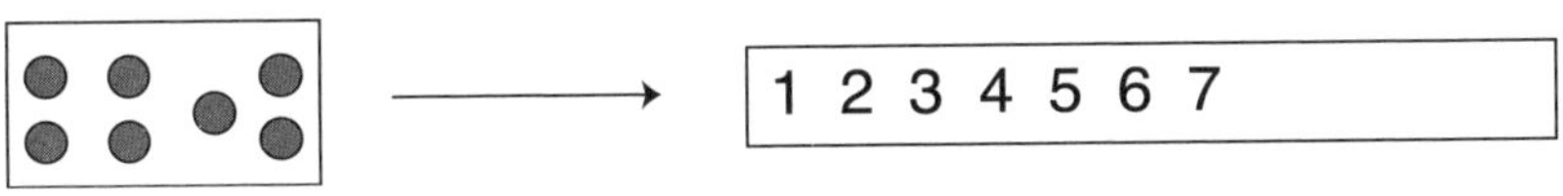

Dans ces deux derniers cas, le savoir concernant la cardinalité n'est qu'en voie de construction, mais l'élève n'a pas encore compris que c'est le dernier mot prononcé qui représente la collection. Il met en correspondance le code oral qui sert à contrôler le dénombrement avec la suite des écritures chiffrées. Chaque écriture désigne un jeton. La seconde représentation est un peu plus élaborée.

• Par une écriture chiffrée :

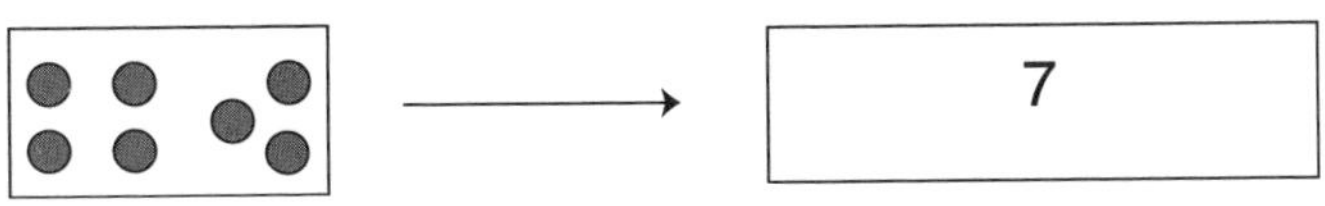

L'écriture du nombre renforce le principe de cardinalité. Le nombre 7 désigne à la fois les collections dont les actions de dénombrement se terminent « par 7 », mais il devient lui-même un « objet à part », le 7.

Remarques
• La difficulté de cette situation réside dans le codage de la quantité ; quelle que soit la procédure utilisée, le banquier déchiffre toujours le message.
• L'attention du maître se portera sur l'analyse des procédures utilisées par les enfants.

Phase de validation collective

On travaille à partir des différents types d'écrits produits par les enfants qui sont analysés à partir de plusieurs critères :
– le principe de lisibilité : « Le banquier a-t-il compris le message ? » La réponse à cette question valide la procédure utilisée comme correcte ;
– le principe d'économie : « Quelle est la façon la plus rapide d'écrire une quantité ? » La réponse à cette question valide la procédure de l'écriture chiffrée.

Phase collective d'institutionnalisation des savoirs et des savoir-faire

À la suite de ces activités, les enfants savent désormais que pour écrire combien on veut de jetons, il suffit d'écrire le dernier nombre prononcé lors du dénombrement : « 1, 2, 3, 4, 5, 6, 7. Il y en a 7 : j'écris 7. »

Remarque
Se pose ici le problème de transfert d'une connaissance. Le principe de cardinalité qui fonctionne maintenant naturellement à l'oral (« 1, 2, 3, 4, 5, 6, 7. J'ai compté, maître, il y a 7 filles. ») n'est pas automatiquement appliqué dans l'écriture.

Compétence : associer le nom des nombres connus avec leur écriture chiffrée en se référant à une bande numérique

31

Objectif 3 : Savoir utiliser une bande numérique pour lire ou pour écrire un nombre

Déroulement

Troisième situation

Les savoirs et les savoir-faire en jeu concernent les écritures chiffrées des nombres (lecture et écriture) et l'utilisation de la bande numérique. Il s'agit également d'être capable d'expliquer la procédure utilisée.

Organisation

Le dispositif reste le même.

Matériel : 1 bande numérique par enfant

Phase de rappel collectif (l'enseignant et les élèves)

- Rappel du but poursuivi : ce que l'on voulait faire (la tâche).
- Rappel des moyens utilisés : comment on a procédé (l'écriture).
- Rappel de ce que l'on a appris : il suffit d'écrire le dernier nombre entendu.

Phase d'orientation (l'enseignant)

L'enseignant fait la synthèse des acquisitions et annonce ce qui va faire l'objet de la séance : « On sait maintenant qu'il faut écrire le nombre de jetons que l'on veut, mais est-ce que l'on sait écrire tous les nombres dont on a besoin? Si l'on ne sait pas les écrire, qu'est-ce qui pourrait nous aider? »

Les enfants, habitués à utiliser la bande numérique collective tous les matins dans les activités rituelles de dénombrement des élèves, en proposent l'usage. L'enseignant fournit alors à chaque enfant une nouvelle bande numérique sans constellation et leur propose de l'utiliser s'ils en ont besoin.

Phase d'action (les élèves)

L'enseignant énonce ensuite les différentes consignes :
– aux clients : « Je vous donne une carte et vous allez écrire le nombre de jetons qu'il vous faut sur un papier. Vous apporterez ensuite le message à votre banquier, sans rien lui dire. » ;
– aux banquiers : « Vous lirez le nombre de jetons écrit sur le papier et vous les donnerez. » ;
– pour tous : « Vous pouvez utiliser la bande numérique, si vous en avez besoin. »

Remarques
• Dès à présent, la bande numérique est présentée comme un outil dont on peut se passer. Il est évident que l'objectif visé à long terme pour lire et pour écrire les nombres est la mémorisation de certaines écritures et, surtout, la compréhension du principe de la numération.
• Dans un premier temps on rappelle toujours à l'enfant que s'il sait écrire un nombre, il n'a pas besoin de chercher : il l'écrit directement.

L'enseignant contrôle la gestion de l'activité (faire que chacun respecte son rôle) et valide la tâche. Il veillera à favoriser les interactions entre les partenaires. Il observera également le niveau de maîtrise de chacun.

Phase de formalisation (l'enseignant et les élèves)

Tous ensemble, on cherche à expliquer comment on utilise la bande numérique : « Si l'on veut écrire 8, par exemple, on compte sur la bande numérique jusqu'à 8 et on le recopie. »

Phase d'entraînement (systématisation)

L'enseignant relance l'activité sans oublier de demander aux enfants de changer de rôle.

Il veille également à modifier les variables didactiques (gestion de l'hétérogénéité). Il peut fournir une aide individualisée pour l'utilisation de la bande numérique, étendre le champ numérique (donner des cartes de 10, de 11 ou de 12 empreintes) ou donner deux cartes.

Remarque
Le fait de donner deux cartes amène parfois une régression des procédures : les enfants ne cardinalisent pas la somme, mais juxtaposent les deux quantités.

Compétence : associer le nom des nombres connus avec leur écriture chiffrée en se référant à une bande numérique

32

Jeux mathématiques associés

ns

Le trésor

Organisation : un groupe de 6 à 8 élèves avec l'enseignant

Matériel :

– une boîte qui se ferme ;
– des jetons ;
– une bande numérique ;
– du papier et des crayons.

Règle du jeu

L'enseignant donne des jetons à chaque élève qui les range dans sa boîte. Le lendemain ou la semaine suivante, sans enlever les jetons de la boîte, l'élève doit pouvoir dire combien il en a. La vérification est faite par le groupe. Si l'élève a juste, l'enseignant lui rajoute des jetons, sinon, il lui en enlève.

Ce jeu permet de :
– découvrir une des fonctions du nombre comme mémoire de la quantité ;
– savoir dénombrer une quantité ;
– savoir lire et écrire les nombres ;
– savoir appliquer une procédure ;
– savoir utiliser une bande numérique pour lire et pour écrire les nombres.

Ensuite, il permettra :
– d'apprendre à garder en mémoire une quantité ;
– d'apprendre à résoudre des problèmes portant sur l'augmentation ou la diminution d'une quantité ;
– d'aborder la fonction de la dizaine dans le système numérique.
Ces trois aspects seront développés ultérieurement (voir p. 183).

Déroulement

Première séance

L'enseignant donne une boîte à chaque enfant ainsi qu'une certaine quantité de jetons (inférieure à 10). Puis il présente ainsi l'activité : « Voilà, je t'ai donné des jetons, tu vas les mettre dans ta boîte. La semaine prochaine, tu devras me dire combien tu as de jetons dans ta boîte sans les enlever pour les compter. Si tu me dis vrai, je t'en donnerai d'autres, si tu te trompes, je t'en enlèverai. »

Le rôle de l'enseignant est de rappeler la consigne, d'observer, sans donner les réponses, mais aussi d'accompagner l'enfant dans la démarche qu'il élabore, de l'amener à se questionner et de favoriser les interactions entre les enfants. Il doit également accepter que les enfants ne trouvent pas ce qu'il attend d'eux.

Remarques
Les premières difficultés que l'élève rencontre sont celles liées à la compréhension de la tâche.
• L'élève ne se représente pas ce que l'on attend de lui ; il ne peut donc pas mettre en place des actions de résolution de problèmes. Il se contente alors de ranger la boîte, sans même avoir compté le nombre de jetons.
• D'autres enfants penseront à compter, mais pas à noter.
• D'autres encore imiteront leurs voisins sans pour autant comprendre ce qu'ils font.

Deuxième séance : la validation

L'enseignant questionne chaque élève, à tour de rôle, sur le nombre de jetons contenus dans la boîte. Il rappelle alors qu'il n'a plus le droit de compter ses jetons pour donner la réponse.
Quand un enfant annonce une quantité, son voisin vérifie en comptant les jetons. Si la réponse est juste, l'enseignant ajoute des jetons, sinon il en enlève.

Le rôle de l'enseignant est de mettre en évidence l'incapacité de certains enfants à donner une réponse et de chercher à comprendre pourquoi. Il s'appuie alors sur le groupe pour élaborer un algorithme de résolution de problèmes. Puis il reformule la tâche en développant la procédure de résolution : « Pour savoir combien on a de jetons, il faut compter les jetons et écrire le nombre sur le papier pour s'en souvenir. »

• Tâche pour l'élève (redéfinie par le groupe) :
– compter ses jetons ;
– écrire le nombre sur le papier ;
– mettre le papier dans la boîte avec les jetons.

Troisième séance

L'enfant a appris d'expérience et sait maintenant que pour réussir ce travail, il doit d'abord dénombrer les jetons et ensuite écrire le nombre pour ne pas l'oublier. L'enseignant rappelle systématiquement ou fait rappeler la tâche et les critères de réussite.

Pour écrire la quantité, on retrouve régulièrement trois types de notation :
– la représentation figurative de la quantité → ○ ○ ○ ○ ○
– l'écriture de tous les nombres → **1 2 3 4 5**
– l'écriture conventionnelle → **5**

La coexistence, au sein d'un groupe, de ces différents stades permet à chacun de comprendre la procédure de l'autre et à tous de s'approprier le système conventionnel au nom du principe d'économie.

Remarque
L'enfant expérimente à nouveau le principe de cardinalité, qu'il a découvert lors du rituel de l'appel, dans le dénombrement des présents et des absents, et lors du module d'apprentissage. Il est important d'aborder une notion dans des contextes différents. Son sens sera donné par la multiplicité des situations où elle aura été opérante.

À chaque séance, l'enfant dénombre deux fois : la première fois sous le contrôle du groupe, et en particulier de celui de son voisin quand il vérifie le nombre de jetons de ce dernier; la seconde fois, seul, quand il quantifie son « trésor ».

Remarques
• Le moment de **validation** est important car il permet :
– d'analyser les procédures, d'identifier les erreurs et d'y remédier;
– de s'approprier des procédures qui ne sont pas les siennes;
– de verbaliser et de communiquer ses savoirs et savoir-faire.
• La **répétition** de l'activité tout au long de l'année permet aussi d'expérimenter le fait que, apprendre, c'est aussi répéter : répéter pour mémoriser, pour se faire plaisir en faisant des choses que l'on sait faire et pour mettre à l'épreuve ce que l'on vient de trouver ou de comprendre.
• La répétition n'est pas une répétition à l'identique puisque l'enfant est amené à étendre son champ numérique à chaque situation. C'est une **répétition sous variation**. L'objectif de l'enfant est d'en avoir beaucoup, plus que son voisin, de dépasser la capacité de la première bande numérique pour en avoir une qui va encore plus loin...

Quand l'élève a compris le sens du jeu, il sait alors réinvestir ces savoirs et dénombrer. Une petite quantité, inférieure ou égale à 10, ne pose pas de problèmes particuliers; on passe très vite aux nombres plus grands.

Le jeu du trésor amorce et développe la connaissance des nombres par le truchement de leur écriture chiffrée. L'écrit révèle le code mathématique,

il permet de l'interroger, de le faire fonctionner, de le conceptualiser et de l'appliquer systématiquement. L'enfant apprendra ensuite :
– à interpréter le nombre : quand il verra écrit 49, il dira : « Ça va faire 4 paquets de 10 et 9 jetons » ;
– à compter de 2 en 2 ;
– à compter de 10 en 10 ;
– à calculer : 40 + 9 = 49.

L'élève prendra conscience du rôle et de la fonction de la dizaine.

Les œufs de Pâques

Organisation : un groupe de 4 enfants avec l'enseignant

Matériel :

– une piste et un pion par enfant ;
– des jetons ;
– des figurines ;
– une boîte pour ranger les œufs (les jetons).

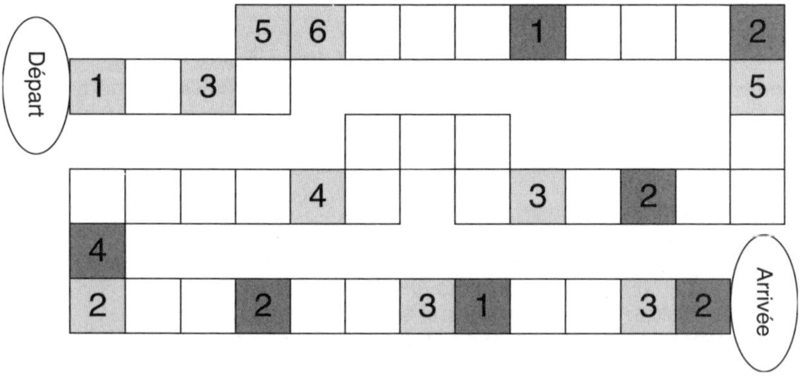

Description du jeu

Chaque joueur dispose d'un pion (une oie, un personnage, un cheval...) qui lui sert à se déplacer sur la piste.
La piste comporte des cases rouges et jaunes. Quand on s'arrête sur une case rouge (en gris foncé ici), on perd le nombre d'œufs indiqués sur la case. Quand on s'arrête sur une case jaune (en gris clair ici), on gagne le nombre d'œufs indiqués sur la case.

Règle du jeu

Chaque joueur lance le dé à son tour et avance du nombre de cases indiquées en respectant les consignes des cases de couleur. Le joueur qui finit le parcours en premier gagne un bonus de 4 œufs, le deuxième en gagne 3, le troisième en a 2 et le dernier gagne 1 œuf. Celui qui totalise le plus d'œufs à l'arrivée a gagné.

En jouant, l'élève apprend à :
– se déplacer sur un axe orienté;
– ajouter, enlever une quantité;
– comparer des quantités pour déterminer le vainqueur.

Remarques
• Ce jeu ne pose pas de difficultés particulières; son intérêt réside dans le fait qu'il mobilise simultanément plusieurs aspects du nombre :
– l'écrit (de la piste) et la constellation (du dé);
– l'aspect ordinal (du déplacement) et l'aspect cardinal (de la quantité).
• De plus, il apprend à modifier une quantité par ajout ou retrait et amène l'enfant à s'essayer au calcul. Le nombre devient outil de gestion des quantités et permet l'anticipation.

Le nombre mystérieux GS

Organisation : le groupe-classe

Matériel : 1 bande numérique allant de 1 à 20 affichée au tableau

Déroulement

Le meneur de jeu choisit un nombre mystérieux compris entre 1 et 20 qu'il écrit à l'abri des regards sur un papier. Les autres joueurs doivent deviner quel est ce nombre en proposant un nombre à tour de rôle. Le meneur de jeu répond par écrit en barrant le nombre proposé si ce n'est pas celui qu'il a choisi, ou l'entoure si c'est la bonne réponse.

Les savoirs et les savoir-faire en jeu concernent :
– la lecture et l'écriture des nombres;
– le repérage des nombres les uns par rapport aux autres : « 19 est avant 20 », « 8, c'est après 7 », « 15, c'est entre..., c'est après..., c'est avant... »;
– l'utilisation de la langue orale et écrite pour identifier un nombre : « 17, ça finit par un 7 », « 13, ça s'écrit avec un 1 et un 3, on compte à partir de 10 »;
– l'utilisation de la bande numérique pour lire et pour écrire un nombre;
– l'utilisation d'autres repères pour identifier un nombre;
– l'utilisation d'une procédure adaptée aux moyens de l'élève (une procédure personnelle dans les programmes);
– le traitement des données (par exemple, ne pas proposer un nombre barré).

Remarques
• Certains enfants ont du mal à proposer des nombres dans l'encadrement proposé.

• Ce jeu donne lieu à de multiples interactions langagières ; les enfants proposent à leurs camarades des aides d'ordre structural, procédural et méthodologique. C'est un moment riche de partage de connaissances, dans lequel le groupe joue pleinement son rôle d'une communauté qui élabore et publie ses savoirs.

La roue

Organisation : un groupe de 4 ou 5 élèves

Matériel :

– un disque constitué de 20 portions numérotées de 1 à 20 ;
– un jeu de jetons numérotés de 1 à 20 placés dans une poche (par exemple, des jetons de loto) ;
– des cartes pour cacher les numéros du disque ;
– une flèche pour indiquer le sens de lecture ;
– une bande numérique.

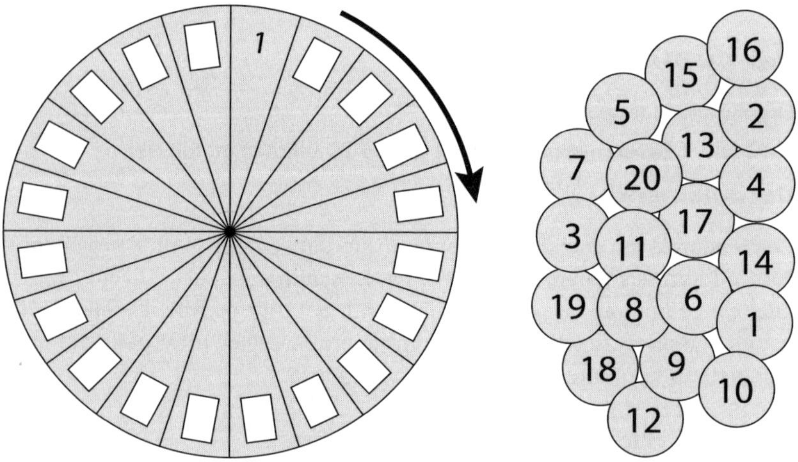

But du jeu

Trouver le bon numéro sur le disque.

Déroulement

L'enseignant cache tous les numéros du disque avec les cartes à l'exception du n° 1.
Un enfant tire un jeton au hasard dans la pioche.
Il doit trouver le même numéro sur le disque en soulevant la bonne carte : s'il réussit, il garde la carte, témoin de sa réussite ; s'il perd, il remet la carte sur le support et remet son jeton dans la pioche.
L'enfant qui, en fin de partie, possède le plus de cartes a gagné.

Ce jeu utilise et développe les mêmes savoirs que le jeu précédent. Son intérêt réside dans le fait qu'il ne se joue plus en grand groupe mais en petit groupe. L'enfant est mis en jeu personnellement. Il doit savoir lire un nombre avec ou sans l'aide de la bande numérique et savoir localiser un nombre en utilisant diverses procédures.

Remarques
• Il est intéressant d'aborder les mêmes savoirs en utilisant d'autres supports, d'autres mises en scène. C'est l'aptitude à utiliser un savoir dans un contexte différent qui crée la compétence.
• Ce jeu comporte cependant une limite, en ce sens qu'il donne une image fermée des nombres : on pourrait lire qu'après le 20, c'est le 1. Ce problème ne s'est pas posé en situation, même quand les enfants utilisent l'organisation du jeu pour localiser un nombre.

Variables didactiques

En début de partie, on peut recouvrir tous les numéros du disque et enlever une carte au hasard. Les enfants doivent localiser les nombres non plus à partir du 1, mais à partir de n'importe quel nombre. Plusieurs savoirs sont alors en construction :
– savoir localiser un nombre par rapport à un autre : « Est-il avant ou après ? » ;
– savoir se déplacer sur un disque orienté ;
– savoir réciter la comptine numérique à partir de n'importe quel nombre ;
– savoir réciter la comptine numérique en reculant.

Compétence : associer le nom des nombres connus avec leur écriture chiffrée en se référant à une bande numérique

33

Exercices de validation individuelle

Exercice 1

Compétence

Associer le nom des nombres connus avec leur écriture chiffrée en se référant à une bande numérique.

Consigne

Colle le nombre de gommettes demandé.

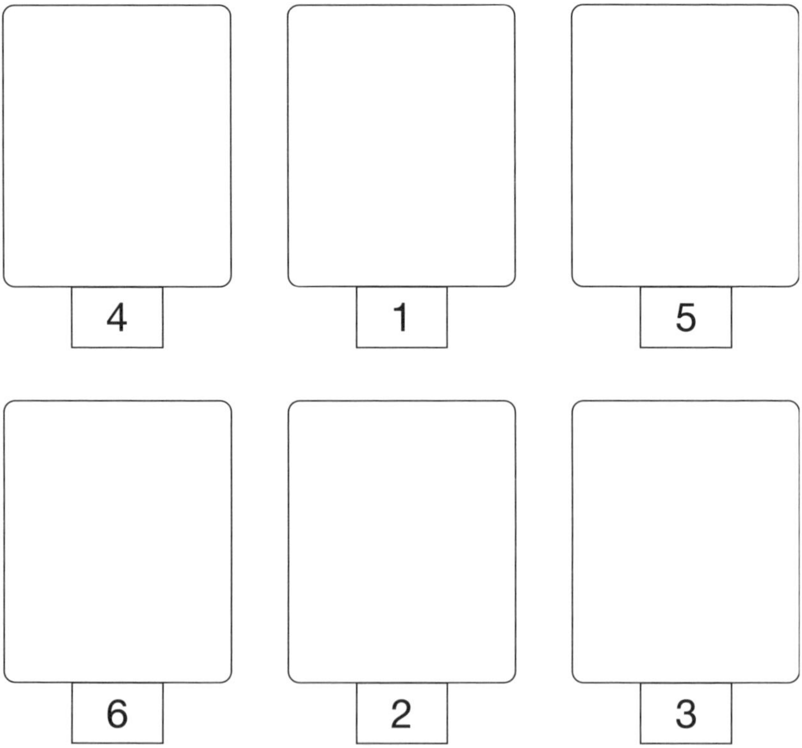

Exercice 2

Compétence

Associer le nom des nombres connus avec leur écriture chiffrée en se référant à une bande numérique.

Consigne

Écris le nombre d'objets de chaque collection.

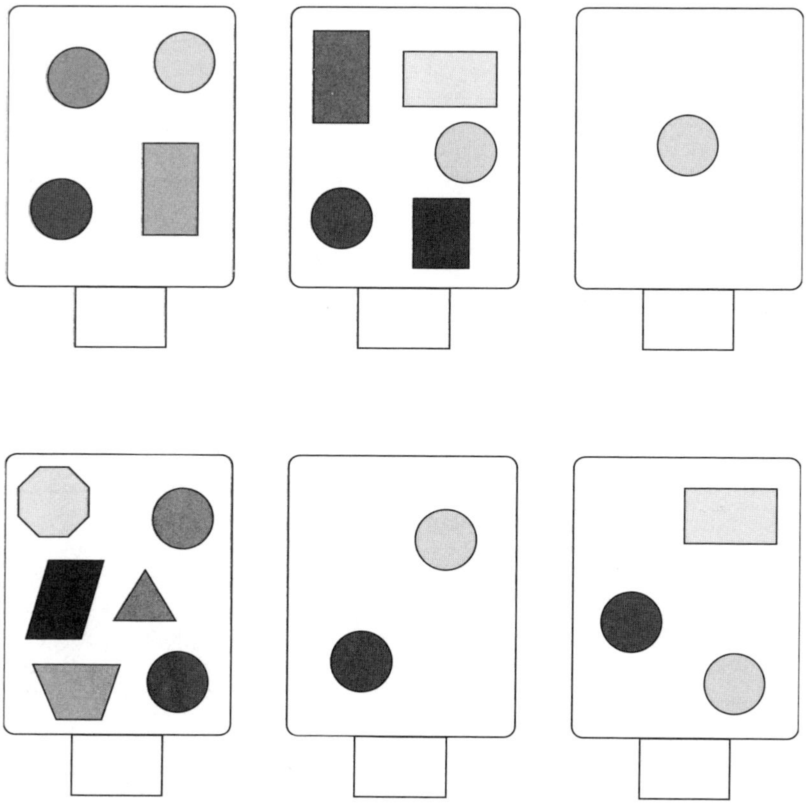

Exercice 3

Compétence

Associer le nom des nombres connus avec leur écriture chiffrée en se référant à une bande numérique.

Consigne

Colorie le nombre d'objets demandé dans chaque collection.

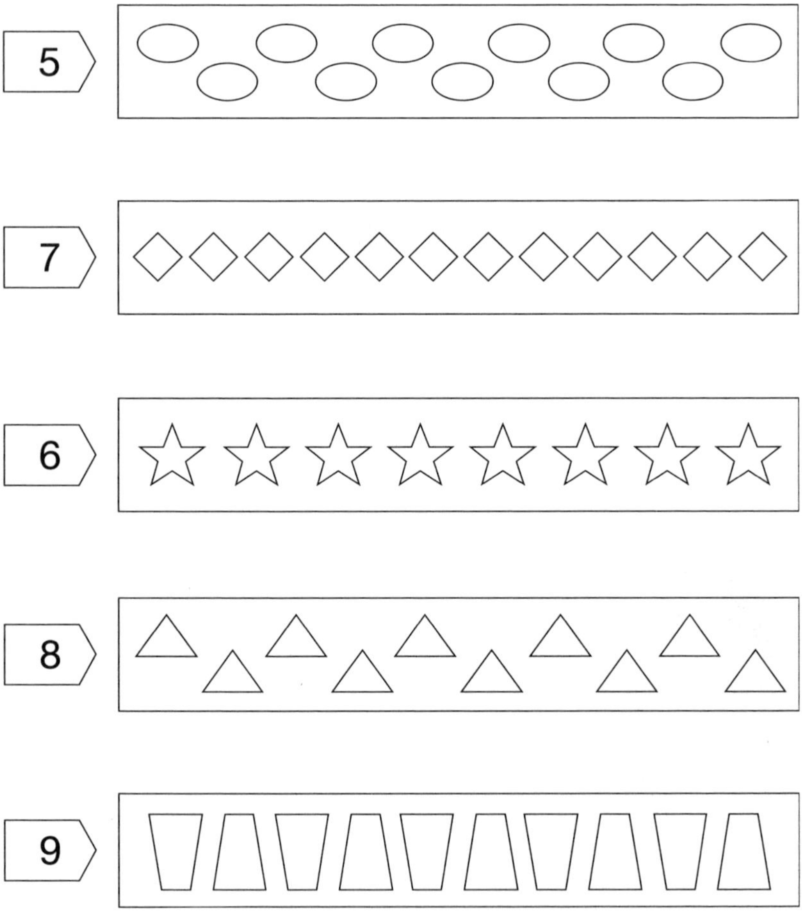

Exercice 4

Compétence

Connaître la valeur ordinale du nombre.

Consigne

Colorie les anneaux de la chenille comme indiqué.

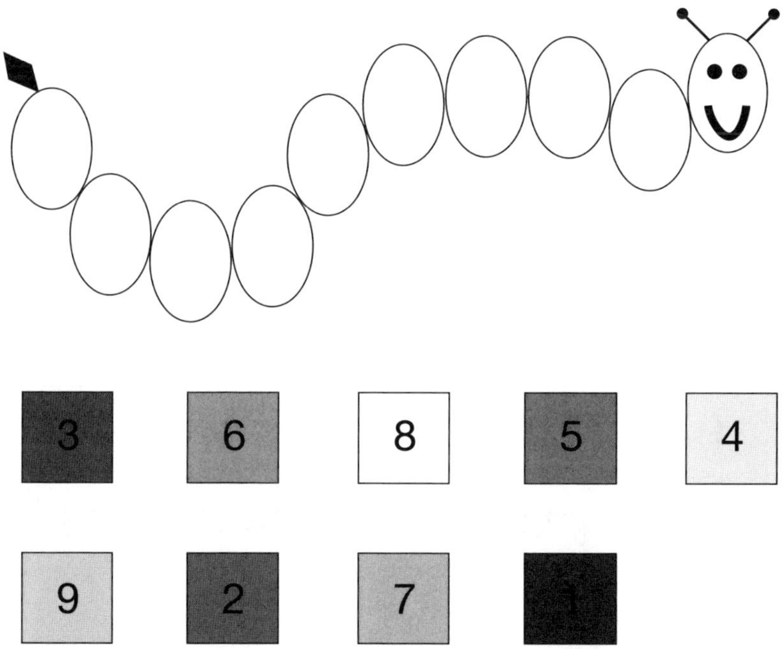

Les enfants doivent colorier les anneaux de la chenille : le premier anneau comme indiqué par la case 1, puis l'anneau suivant de la couleur de la case 2, et ainsi de suite. (Les différentes cases de l'illustration ci-dessus sont coloriées dans des couleurs différentes.)

Exercice 5

Compétence

Associer le nom des nombres connus avec leur écriture chiffrée en se référant à une bande numérique.

Consigne

Range les nombres dans l'ordre.

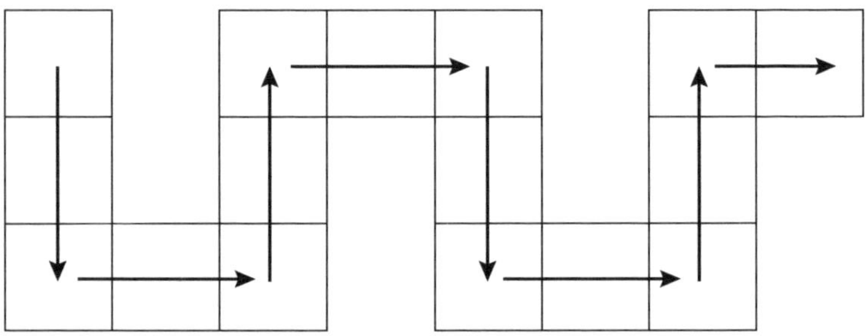

1	2	3	4	5	6	7	8
9	10	11	12	13	14	15	16

Exercice 6

Compétence

Associer le nom des nombres connus avec leur écriture chiffrée en se référant à une bande numérique.

Consigne

Complète la bande numérique en écrivant les nombres qui manquent.

1		3				7		

Compétence : associer le nom des nombres connus avec leur écriture chiffrée en se référant à une bande numérique

34

Évaluation de fin d'année

Niveau : Grande Section

Compétence : savoir lire et écrire des nombres en utilisant la bande numérique

1	2	3	4	5	6	7	8	9	10	11	12	13

Exercice 1

Consigne

Dessine le nombre d'éléments demandés.

8	10	9	7

Exercice 2

Consigne

Écris le nombre d'éléments dans les cases.

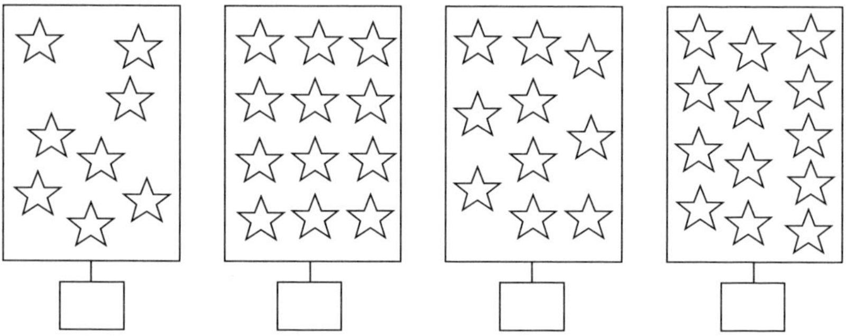

Exercice 3

Consigne

Fais un paquet en entourant 8 ronds.

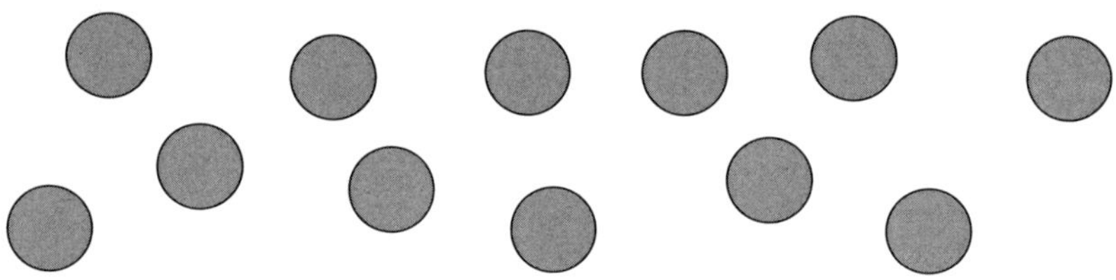

Exercice 4

Consigne

Colorie 9 ronds.

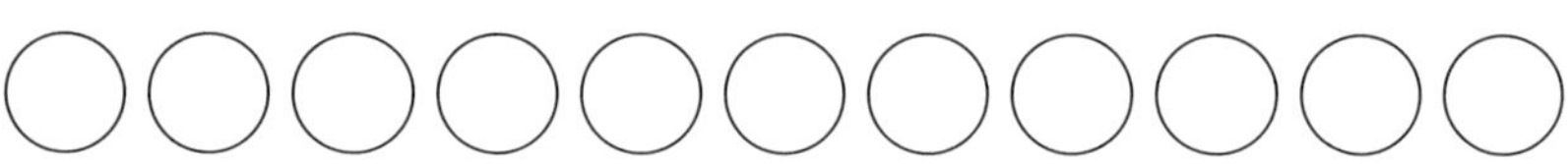

Exercice 5

Consigne

Écoute bien et écris les nombres en t'aidant de la bande numérique si nécessaire.
(L'enseignant dicte : 10, 12, 20, 15, 21, 16, 18, 11.)

Exercice 6

Consigne

Lis les nombres en t'aidant de la bande numérique si nécessaire.

13 –	19 –	23 –	14 –	9 –	20 –	18 –	10

Bilan

	Compétence affirmée	Compétence à renforcer	Compétence en cours d'acquisition
L'enfant sait utiliser une bande numérique.			
L'enfant sait lire les nombres.			
L'enfant sait écrire les nombres.			

• **Compétence affirmée :** l'enfant réussit à tous les items malgré quelques erreurs d'exécution.
• **Compétence à renforcer :** l'enfant réussit 2 items sur 3 malgré quelques erreurs d'exécution.
• **Compétence en cours d'acquisition :** aucun item n'est entièrement juste.

Compétence : savoir ordonner les nombres

Exercice 1

Consigne

Colorie le deuxième rond.

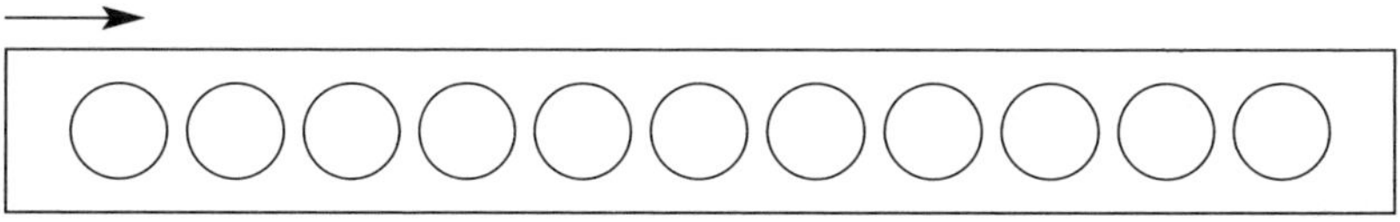

Exercice 2

Consigne

Colorie le sixième rond.

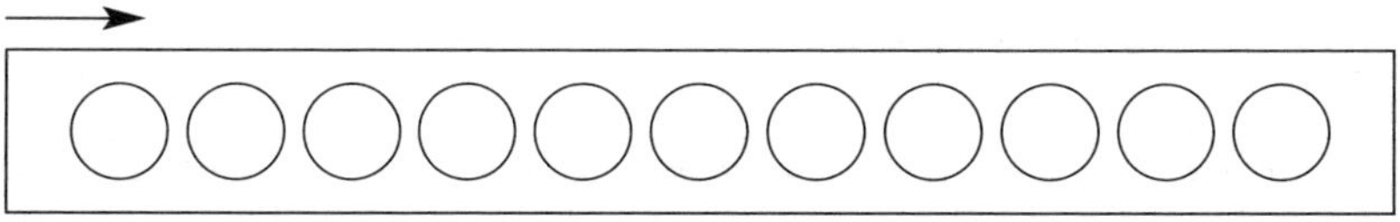

Exercice 3

Consigne

Colorie le dernier rond.

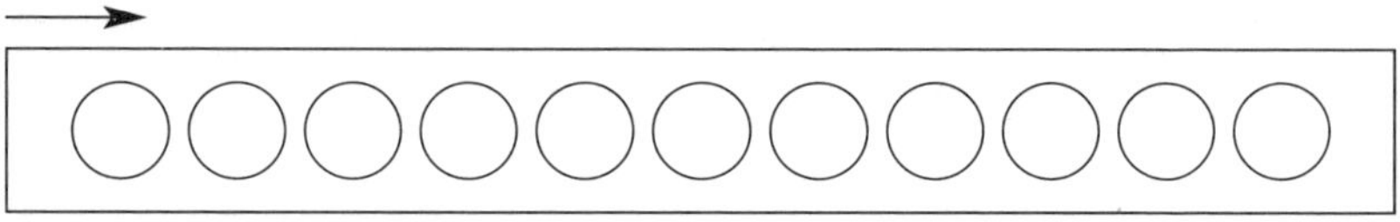

Exercice 4

Consigne

Les boîtes doivent être numérotées dans l'ordre de 1 à 9. Les étiquettes se sont mélangées. Remets les étiquettes à leur place en traçant des traits.

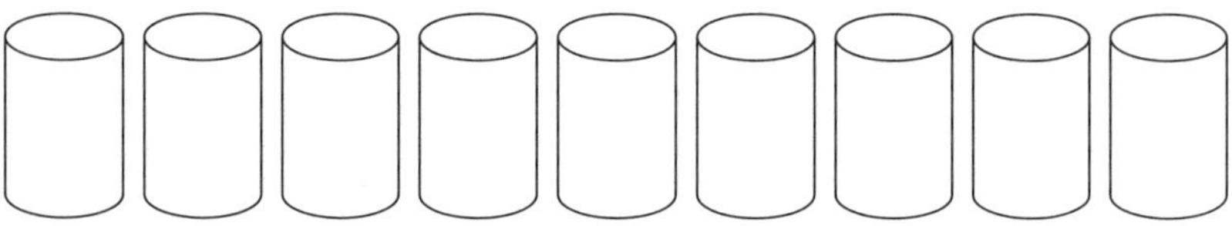

2	3	1	5	8	4	6	9	7

Exercice 5

Consigne

Regarde les nombres qui sont écrits. Écris ceux qui manquent.

1	2		4			7					12	

14	15			18						24		

Exercice 6

Consigne

Range les nombres sur la droite numérique

3 – 4 – 10 – 7 – 6

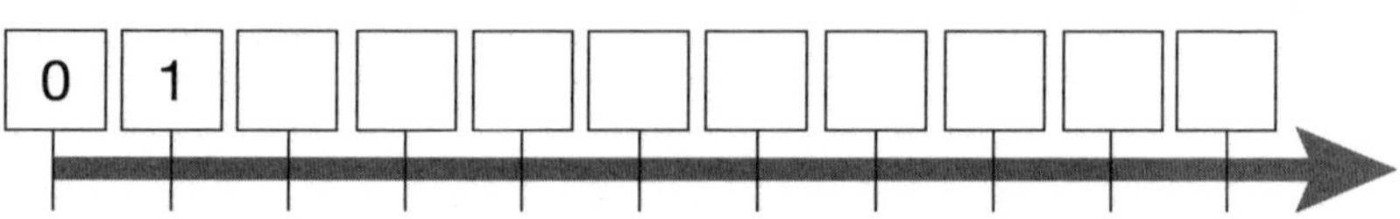

Exercice 7

Consigne

Le pion noir avance de 6 cases. Dessine-le.
Le pion gris recule de 3 cases. Dessine-le.

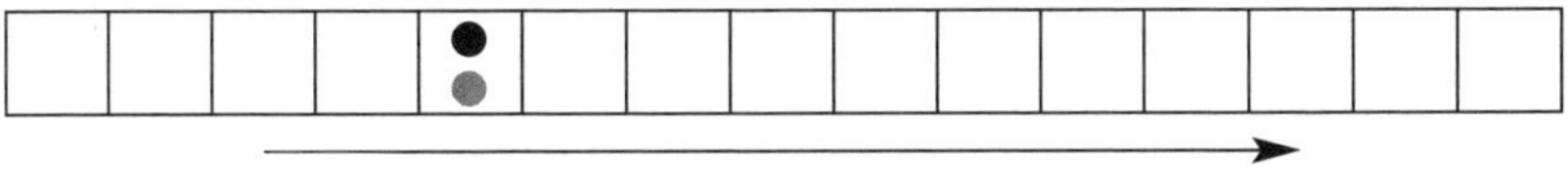

Bilan

	Compétence affirmée	**Compétence à renforcer**	**Compétence en cours d'acquisition**
L'enfant sait ordonner les nombres sur une droite orientée.			
L'enfant est capable de se déplacer sur une droite orientée.			

- **Compétence affirmée :** l'enfant maîtrise la valeur ordinale du nombre.
- **Compétence à renforcer :** l'enfant sait ordonner, mais ne sait pas se déplacer sur un axe orienté.
- **Compétence en cours d'acquisition :** aucun item n'est entièrement juste.

RÉALISER UNE COLLECTION QUI COMPORTE LA MÊME QUANTITÉ D'OBJETS QU'UNE AUTRE COLLECTION

(VISIBLE OU NON, PROCHE OU ÉLOIGNÉE) EN UTILISANT DES PROCÉDURES NON NUMÉRIQUES OU NUMÉRIQUES, ORALEMENT OU AVEC L'AIDE DE L'ÉCRIT

Objectif 1 :
Réaliser une collection qui comporte la même quantité d'objets qu'une autre collection : appropriation de la tâche

Objectif 2 :
Réaliser une collection qui comporte la même quantité d'objets qu'une autre collection : limitation des procédures possibles

Objectif 3 :
Communiquer pour faire réaliser une collection

Compétence :
Réaliser une collection qui comporte la même quantité d'objets qu'une autre collection (visible ou non, proche ou éloignée) en utilisant des procédures non numériques ou numériques, oralement ou avec l'aide de l'écrit

Objectif 4 :
Communiquer en utilisant les écritures chiffrées des nombres

Objectif 5 :
Modifier une collection pour qu'elle comporte la même quantité d'objets qu'une autre collection

Outil collectif affiché en classe
La bande numérique jusqu'à 30

Outil individuel
La bande numérique jusqu'à 30

Exercices de validation individuelle

ÉVALUATION

Situation : les jetons rouges et bleus

Cette situation permet d'élargir les savoirs et les savoir-faire construits dans le cadre de la situation des jetons et dans celle des boîtes à œufs (procédures de dénombrement et de comparaison) vues précédemment par extension à des collections quelconques de jetons. Elle permet plus particulièrement de mettre en œuvre des procédures de vérification et de contrôle. Elle est à mettre en relation avec la poursuite du jeu du trésor.

Organisation : en groupe de 8, sur des tables, se faisant face

Matériel : des jetons de couleurs différentes

Tâche pour l'élève

Mettre autant de jetons que dans une collection donnée.

Compétence : réaliser une collection qui comporte la même quantité d'objets qu'une autre collection en utilisant des procédures non numériques ou numériques, oralement ou avec l'aide de l'écrit

35

Objectif 1 : réaliser une collection qui comporte la même quantité d'objets qu'une autre collection (appropriation de la tâche)

Déroulement

Première situation

L'enseignant donne à chaque élève une quantité de jetons bleus. Puis il leur demande de prendre autant de jetons rouges qu'ils en ont de bleus. Les enfants résolvent le problème individuellement, mais en ayant la possibilité de voir comment les autres s'y prennent.

Validation

L'enseignant demande à chaque élève s'il a bien autant de jetons rouges que de jetons bleus, et surtout de justifier son affirmation. Le groupe participe à l'argumentation.

Systématisation

On énonce les critères de réussite en termes de procédures.

Les différentes procédures

• L'empilement : on met un jeton rouge sur chaque jeton bleu.
• La juxtaposition : on met un jeton rouge à côté de chaque jeton bleu (les jetons étant dispersés sur la table).
• L'alignement : on fait la colonne des bleus et on associe à chaque élément de cette collection un jeton rouge.
• Le dénombrement : on dénombre le nombre de jetons bleus et on prend autant de rouges.

Remarques

• Il est important de faire expliquer la procédure utilisée.

• Il faut également valider les différentes procédures ou les faire émerger si elles n'ont pas été trouvées.

• Il est important également d'apprendre à utiliser une autre procédure : celle trouvée par un autre élève ou celle proposée par l'enseignant.

• L'enseignant veillera à mettre des obstacles aux enfants qui s'obstinent à n'appliquer qu'une seule procédure : le dénombrement ou l'alignement, par exemple. Dans le premier cas, on peut donner un nombre de jetons qui excède les capacités de comptage de l'enfant. Dans le second, on donne des jetons de tailles différentes.

• Il est important de s'assurer que l'enfant donne du sens à la procédure qu'il utilise. Certains enfants ayant tendance à appliquer mécaniquement un savoir-faire, il faut toujours reformuler l'objectif visé et le distinguer des procédures utilisées.

Compétence : réaliser une collection qui comporte la même quantité d'objets qu'une autre collection en utilisant des procédures non numériques ou numériques, oralement ou avec l'aide de l'écrit

36

Objectif 2 : réaliser une collection qui comporte la même quantité d'objets qu'une autre collection (limitation des procédures possibles)

Déroulement

Deuxième situation

L'enseignant donne une feuille de format A4 partagée en deux par une ligne de séparation à chaque élève.
Dans une colonne, il place des jetons bleus. Il demande ensuite aux enfants de mettre autant de jetons rouges dans l'autre colonne. Ils ne peuvent plus empiler ni juxtaposer.
Le déroulement est le même que précédemment.

Les différentes procédures

- L'alignement : les enfants alignent les jetons le long de la ligne de séparation et associent à chaque élément de cette collection un jeton rouge. (L'enseignant peut alors mettre un nombre de jetons qui ne permet pas cet alignement pour faire obstacle à cette procédure.)
- La correspondance terme à terme entre les éléments : les enfants relient par un trait chaque jeton bleu à un jeton rouge.
- Le dénombrement : on peut introduire un obstacle en mettant un nombre de jetons qui ne permet pas la mise en œuvre de cette procédure.
- L'organisation spatiale : les enfants organisent les jetons bleus en regroupements figuratifs comme les constellations et font de même par translation dans l'autre colonne.

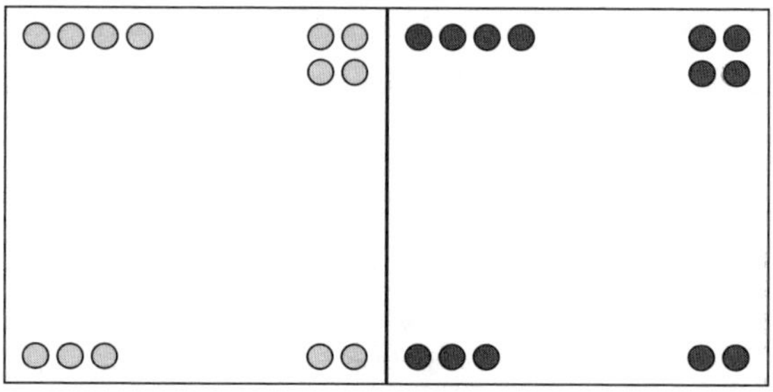

Remarque
Cette dernière procédure ne relève pas encore réellement d'une procédure numérique, mais elle pose des problèmes car les enfants procèdent soit par reproduction, soit par symétrie ou par translation. On peut leur demander d'associer par un trait les sous-ensembles équipotents.

Compétence : réaliser une collection qui comporte la même quantité d'objets qu'une autre collection en utilisant des procédures non numériques ou numériques, oralement ou avec l'aide de l'écrit

37

Objectif 3 : communiquer pour faire réaliser une collection

Déroulement

Troisième situation

Organisation : en binômes

L'enseignant donne un capital de jetons bleus à l'élève A. Celui-ci doit faire en sorte que son coéquipier (l'élève B) mette sur sa feuille le même nombre de jetons rouges. Ce dernier ne peut pas voir la collection de référence de l'élève A et il n'a pas le droit de se déplacer.
L'élève A a tous les droits sauf celui de déplacer sa collection.

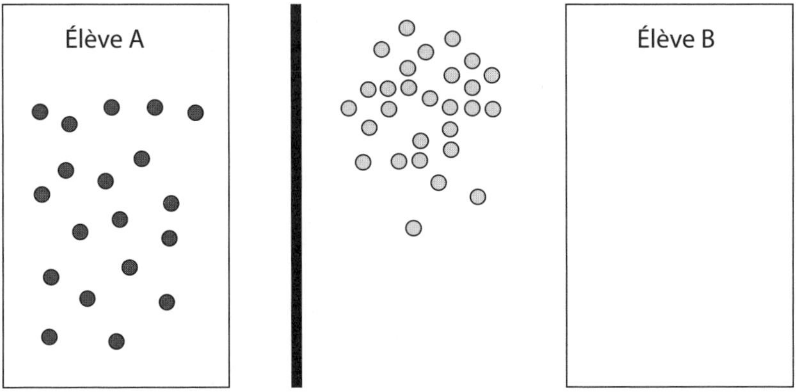

L'élève B ne peut plus faire une correspondance terme à terme entre les éléments.

L'enseignant peut faire en sorte de donner un nombre de jetons qui rende difficile le dénombrement de la totalité de la collection.

Validation

Après avoir regroupé les binômes, l'enseignant leur demande comment ils ont fait pour résoudre ce problème, puis il vérifie leur travail en mettant en œuvre une autre procédure (empilement, juxtaposition, alignement).

Systématisation

À partir de l'analyse des résultats, on énonce un algorithme de résolution de problèmes. Par exemple : on regroupe les jetons par paquets et on dit à son camarade ce qu'on a fait pour qu'il fasse pareil.

Remarques

• Il est important de s'assurer que l'enfant donne du sens à la procédure qu'il utilise. Certains enfants ayant tendance à mettre en œuvre mécaniquement un savoir-faire, il faut toujours reformuler l'objectif visé et le distinguer des procédures utilisées.

• Certains enfants ne vont faire que des sous-ensembles équipotents ; se pose alors le problème de la verbalisation, il n'est pas évident de dire : « J'ai fait 12 paquets de 2. » Cette procédure est utilisée dans le jeu de la maison (voir p. 160), il est donc intéressant de penser à une programmation qui coordonne ces deux activités dans le temps.

Compétence : réaliser une collection qui comporte la même quantité d'objets qu'une autre collection en utilisant des procédures non numériques ou numériques, oralement ou avec l'aide de l'écrit

38

Objectif 4 : communiquer en utilisant les écritures chiffrées des nombres

Déroulement

Quatrième situation

Organisation : en binômes

Même situation que précédemment avec une contrainte en plus pour l'élève A : il n'a plus le droit de parler.

Procédure utilisée

• Le dessin : l'élève A reproduit son organisation spatiale en faisant, en quelque sorte, un plan.

Cinquième situation

Organisation : en binômes

Même situation que précédemment avec une contrainte supplémentaire pour l'élève A : il n'a plus le droit de parler, ni de dessiner ; il doit écrire.

Le déroulement est le même que précédemment

Procédure utilisée

• L'écriture du nombre.

Compétence : réaliser une collection qui comporte la même quantité d'objets qu'une autre collection en utilisant des procédures non numériques ou numériques, oralement ou avec l'aide de l'écrit

39

Objectif 5 : modifier une collection pour qu'elle comporte la même quantité d'objets qu'une autre collection

Déroulement

Sixième situation

Organisation

Les enfants travaillent en binômes, installés face à face.

L'enseignant donne des jetons rouges à l'enfant A et des jetons bleus à l'enfant B. Puis il énonce la consigne : « Je veux qu'il y ait autant de jetons bleus que de jetons rouges. On n'a pas le droit de modifier la quantité de jetons rouges, mais on peut modifier les jetons bleus. »

Les enfants utilisent à nouveau les procédures de comparaison qu'ils connaissent. Ils doivent décider de l'opération à effectuer (ajout ou retrait d'éléments).

Validation

L'enseignant regroupe les binômes, puis il leur demande comment ils ont fait pour résoudre ce problème. On vérifie leur travail en mettant en œuvre une autre procédure (empilement, juxtaposition, alignement).

Systématisation

À partir de l'analyse des résultats, on énonce un algorithme de résolution de problèmes.

Verbalisation

Chaque enfant est amené à commenter sa procédure. Par exemple :
« Il manquait 2 bleus. Alors j'en ai ajouté 2. »
« Il y en avait 6 en trop, des bleus. Alors je les ai enlevés. »

Compétence : réaliser une collection qui comporte la même quantité d'objets qu'une autre collection en utilisant des procédures non numériques ou numériques, oralement ou avec l'aide de l'écrit

40

Exercices de validation individuelle

Exercice 1

Consigne

Dessine autant de ronds que moi sur la feuille.

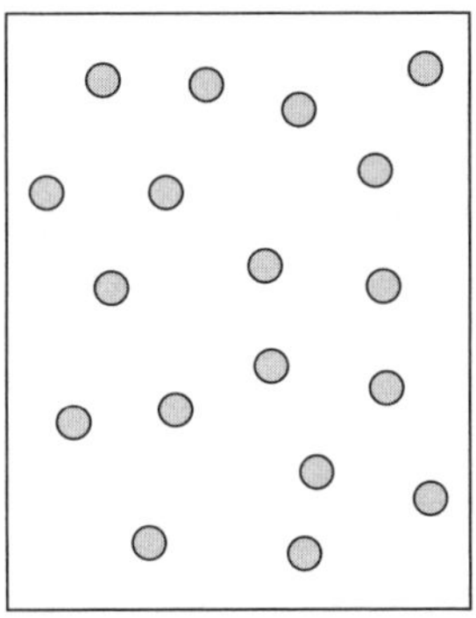

Exercice 2

Consigne

Dessine autant de ronds que moi sur l'autre moitié de la feuille.

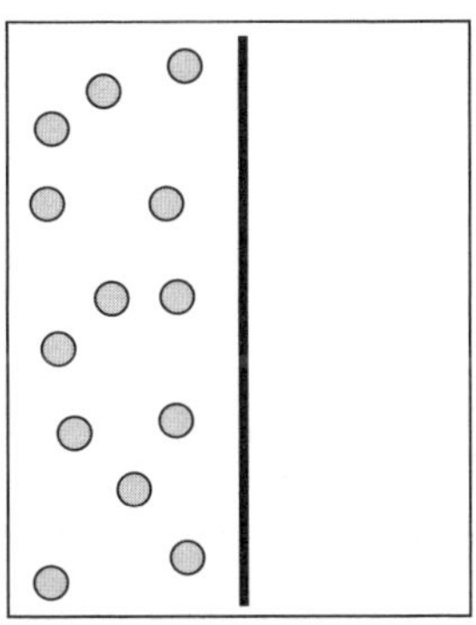

Exercice 3

Consigne

Dessine autant de ronds que moi sur la feuille.

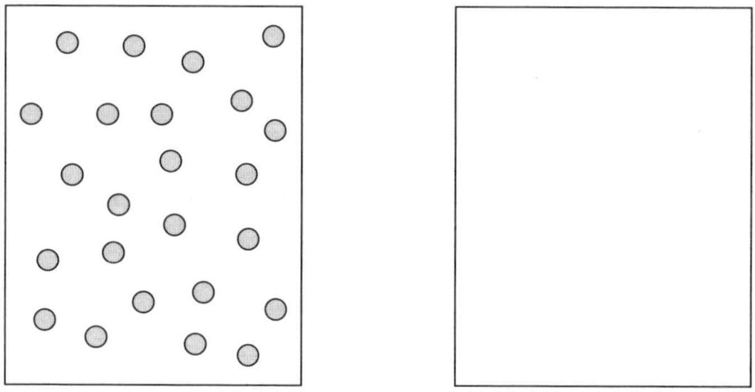

Exercice 4

Consigne

Pierre a mis ses jetons dans des boîtes. Sur chaque boîte, il a écrit combien il y a de jetons. Dessine les jetons de Pierre.

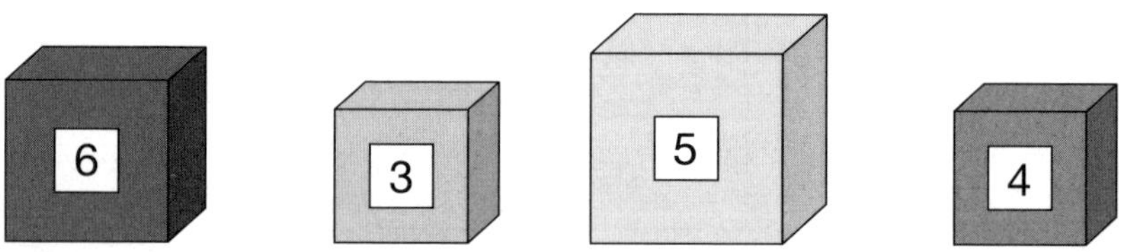

Exercice 5

Consigne

Dessine le nombre d'œufs nécessaires pour remplir ces 3 boîtes.

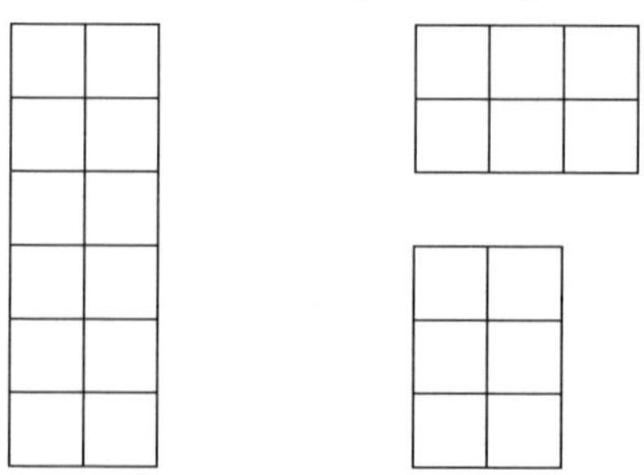

Exercice 6

Consigne

Toutes les cartes doivent avoir 5 jetons. Complète-les ou enlève des jetons.

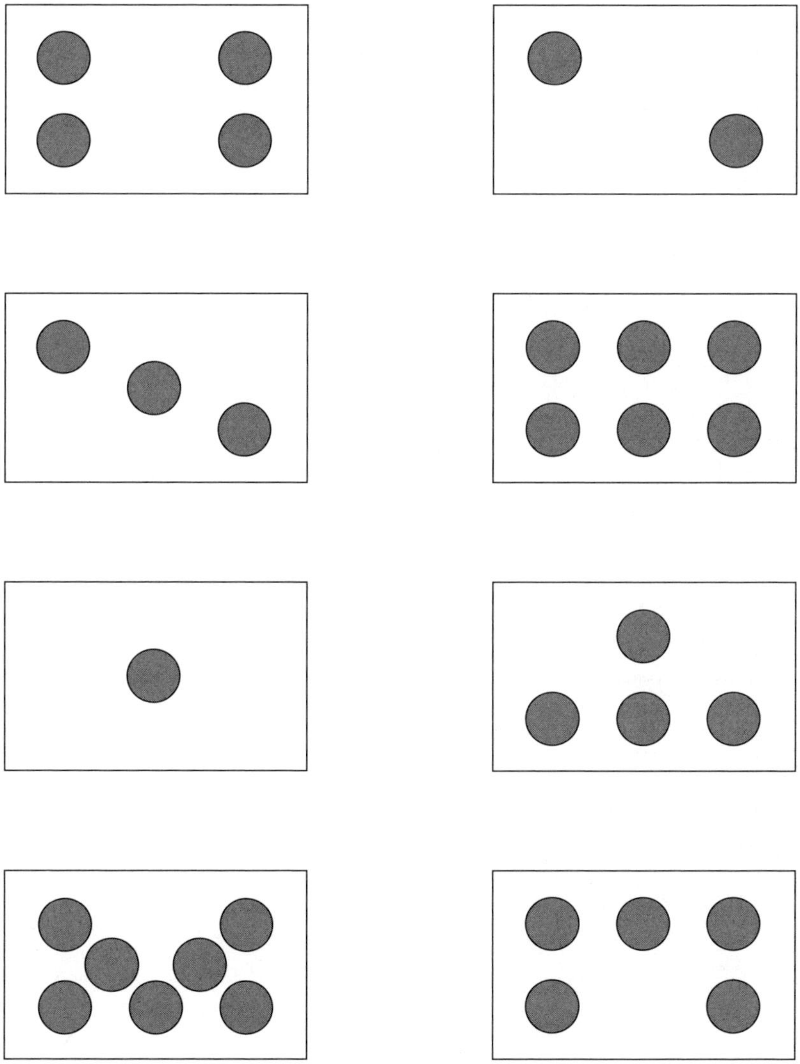

Exercice 7

Consigne

Il faut remplir les boîtes d'œufs. Rajoute les œufs qui manquent pour que les boîtes soient pleines.

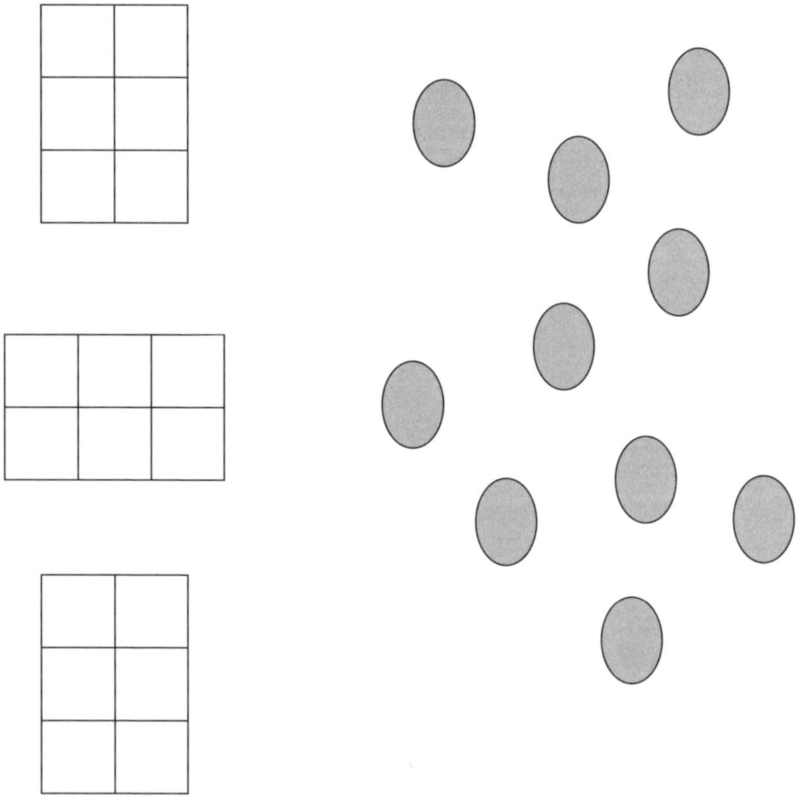

Compétence : réaliser une collection qui comporte la même quantité d'objets qu'une autre collection en utilisant des procédures non numériques ou numériques, oralement ou avec l'aide de l'écrit

41

Évaluation

Niveau : Grande Section

Compétence : réaliser une collection qui comporte la même quantité d'objets qu'une autre collection en utilisant des procédures non numériques ou numériques, oralement ou avec l'aide de l'écrit

Exercice 1

Consigne

Il doit y avoir autant de ronds que de triangles. Dessine les ronds.

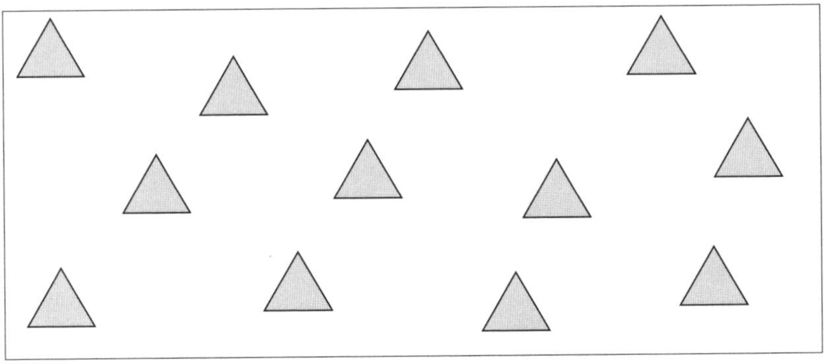

Exercice 2

Consigne

Il doit y avoir autant de ronds que de triangles. Dessine les ronds en dessous.

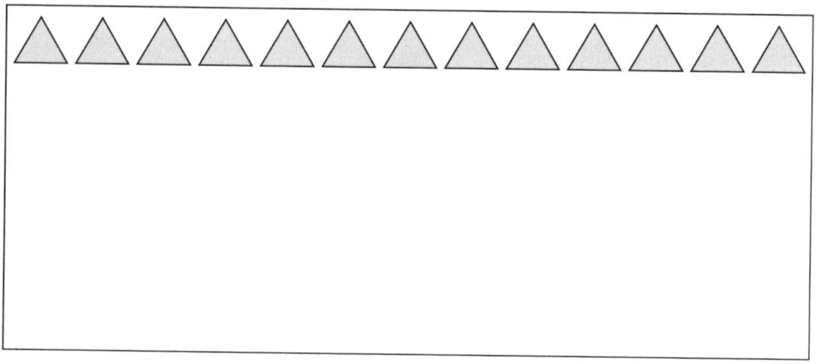

Exercice 3

Consigne

Il doit y avoir autant de ronds que de carrés. Dessine les ronds.

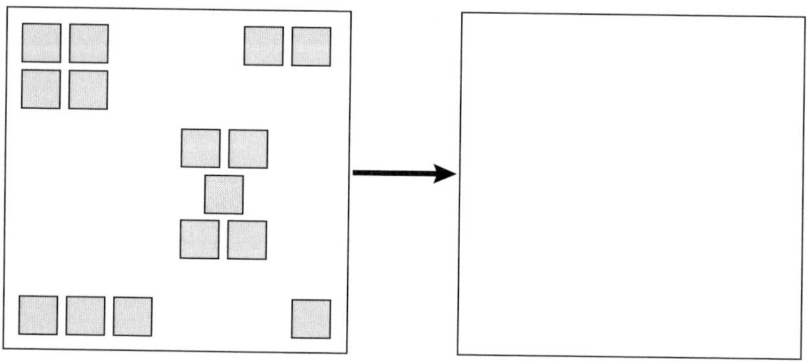

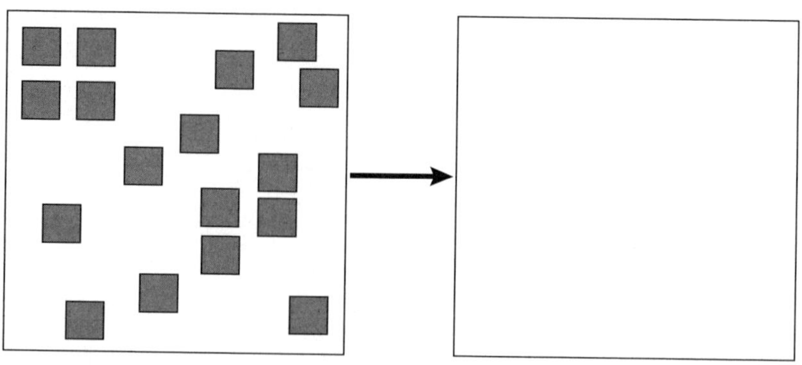

Exercice 4

Consigne

Il doit y avoir autant de ronds que de triangles. Dessine les formes qui manquent.

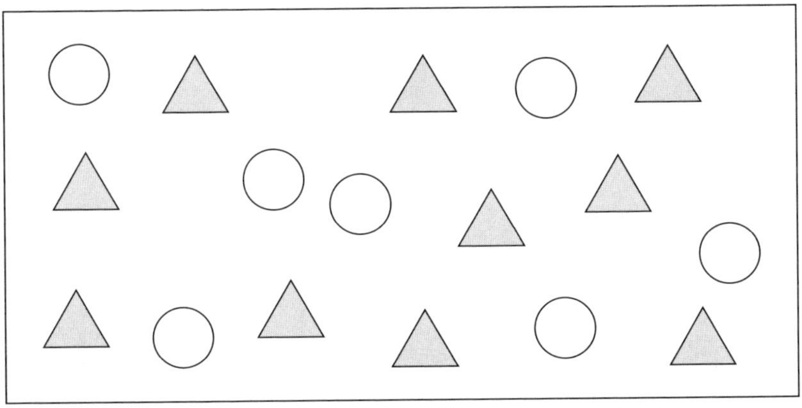

Exercice 5

Consigne

Il doit y avoir autant de ronds que de triangles. Barre les formes qui sont en trop.

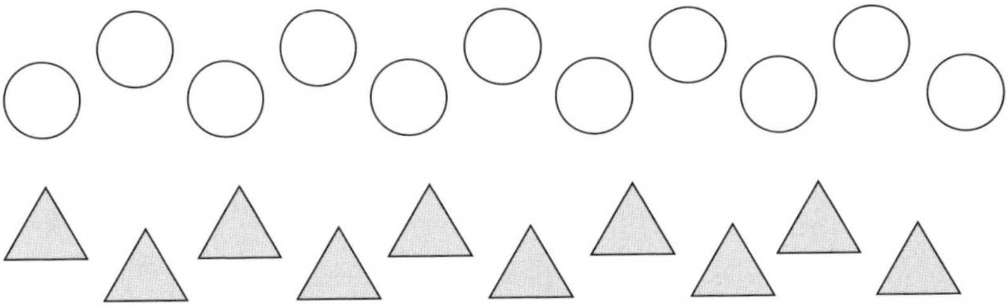

Procédures utilisées

- Comptage.
- Correspondance terme à terme.

Types de réponses

- La collection est modifiée par ajout ou par retrait et totalise 10 éléments.
- La collection est modifiée par ajout ou par retrait mais ne totalise pas 10 éléments.

Exercice 6

Consigne

Toutes les cartes doivent avoir autant de ronds que le modèle. Ajoute ou enlève des ronds.

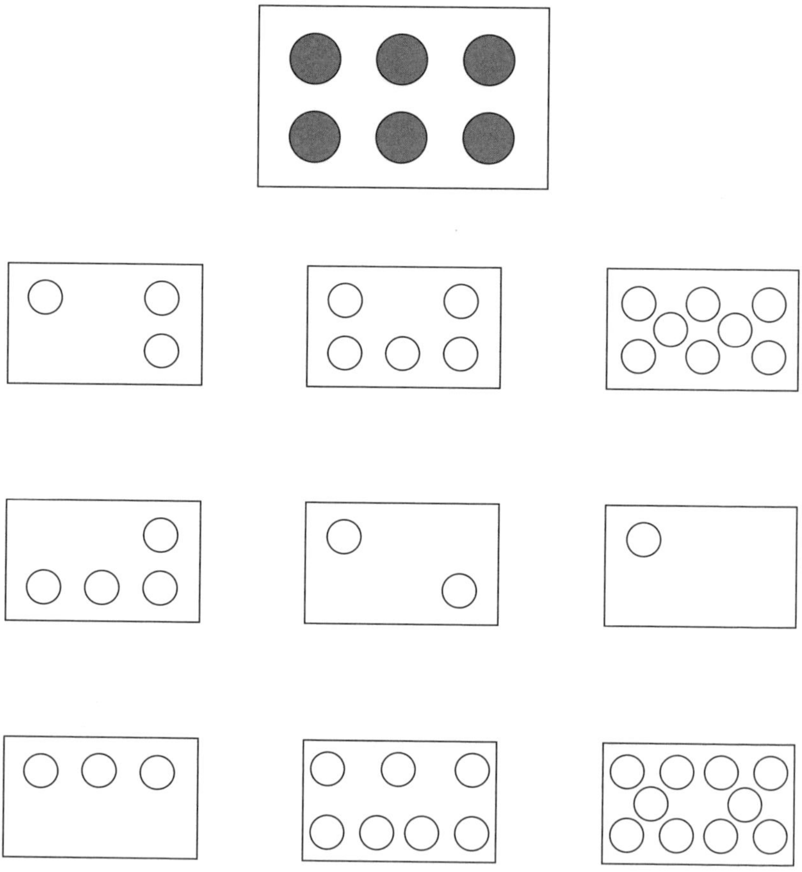

Types de réponses

- Toutes les réponses sont exactes.
- Les ajouts sont corrects, mais les retraits sont incorrects.
- Les ajouts sont incorrects, mais les retraits sont corrects.
- La carte du 6 est respectée, mais la plupart des réponses sont incorrectes.

Bilan de la période

	Compétence affirmée	Compétence à renforcer	Compétence en cours d'acquisition
L'enfant sait réaliser l'équipotence de deux collections en utilisant la correspondance terme à			
L'enfant sait réaliser l'équipotence de deux collections en utilisant les regroupements de sous-ensembles équipotents.			
L'enfant sait réaliser l'équipotence de deux collections en utilisant les données numériques.			
L'enfant sait réaliser l'équipotence de deux collections.			
L'enfant sait décider de l'opération à effectuer (ajout ou retrait).			
L'enfant sait évaluer la quantité d'éléments à ajouter ou à retirer.			
L'enfant sait ajouter des éléments.			
L'enfant sait retirer des éléments.			
L'enfant sait modifier des quantités.			

Compétence : partager des collections

Exercice 1

Consigne

Voici un tas de jetons. Répartis les jetons en 3 paquets. Il ne doit plus en rester dans la boîte.

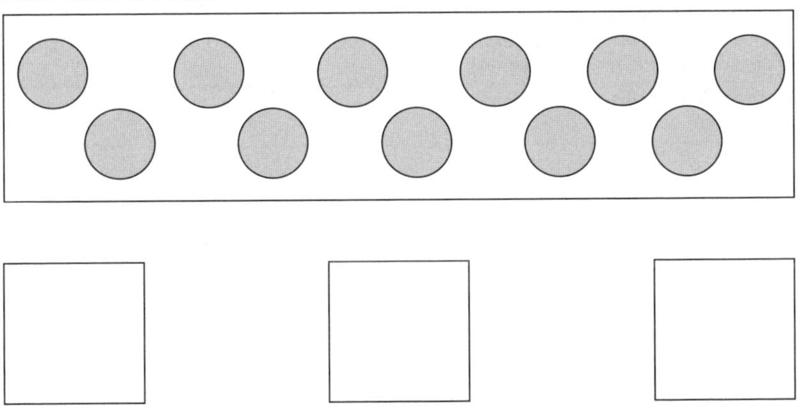

Exercice 2

Consigne

Voici un tas de jetons. Répartis les jetons dans les 3 sacs. Il doit y avoir autant de jetons dans chaque sac.

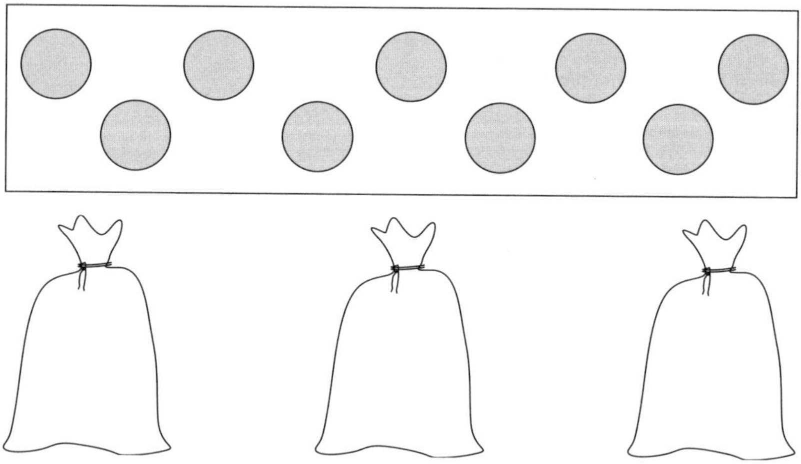

Bilan de la période

	Compétence affirmée	Compétence à renforcer	Compétence en cours d'acquisition
L'enfant sait réaliser des sous-collections.			
L'enfant sait réaliser l'équité des parts.			
L'enfant sait réaliser une distribution ; il prend en compte tous les éléments (par comptage/par correspondance terme à terme).			
L'enfant sait vérifier sa procédure et rectifier.			

RÉSOUDRE DES PROBLÈMES PORTANT SUR LES QUANTITÉS
(AUGMENTATION, DIMINUTION, RÉUNION, DISTRIBUTION, PARTAGE) EN UTILISANT LES NOMBRES CONNUS, SANS RECOURIR AUX OPÉRATIONS USUELLES

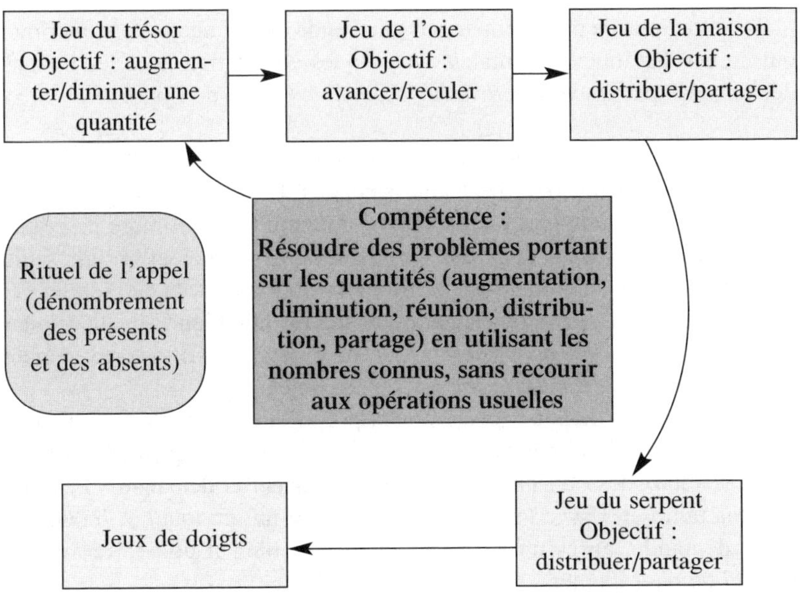

Exercices de validation individuelle

ÉVALUATION DE FIN D'ANNÉE

Résoudre des problèmes à l'école maternelle

Dès l'école maternelle, les élèves résolvent leurs premiers problèmes numériques. Résoudre un problème ne consiste pas uniquement à donner le résultat. L'enfant doit apprendre à construire la représentation du problème, à mobiliser ou à construire une procédure de résolution, à contrôler ses actions physiques et mentales, à produire le résultat et à le vérifier.

L'enseignant confronte les élèves à des situations qui serviront d'ancrage aux futures opérations arithmétiques (addition et soustraction) :
– des situations d'augmentation et de diminution d'une collection (le jeu du trésor) qui permettent de créer des images mentales dynamiques d'ajouts et de retraits d'éléments;
– des situations de réunion de collections et de partage d'une collection qui créent des images mentales d'associations, de séparations, de compléments (réunion des points de deux dés, partage d'une collection en deux ou trois parties, partage d'un jeu de cartes, situation des boîtes à œufs);
– des situations de déplacement sur une bande ou sur une piste numérique qui créent des images mentales dynamiques en relation avec les images déclenchées par les verbes *avancer* et *reculer* (le jeu de l'oie).

Dans un premier temps, les stratégies et les procédures de résolution mises en œuvre sont étroitement liées aux contextes. L'élève peut s'appuyer sur le support de la situation. Par exemple : il dénombre le nombre de points figurant en tout sur les deux dés comme s'ils ne formaient qu'une seule collection ou il « surcompte » à partir du nombre de points du premier dé, il s'appuie sur la piste numérique pour prévoir combien il lui faut jouer pour atteindre la case arrivée et gagner, ou encore il vérifie concrètement son partage en exerçant un contrôle sur les objets.
L'enseignant doit donc progressivement proposer des situations où l'élève est chargé d'**anticiper le résultat**. Par exemple, l'enseignant fait disparaître les deux dés ou l'un des dés après un lancer et demande à l'élève : « Tu as fait 3 et 3 avec les dés. Combien as-tu fait en tout? », ou encore il lui demande, après un premier lancer, combien il doit faire avec le second dé pour gagner.

Il est important que les problèmes proposés aient du sens pour les élèves et que ces derniers aient le désir de trouver la réponse dans le cadre d'un enjeu même ponctuel. Les problèmes peuvent porter sur :
– la recherche du nombre d'objets que contiendra une collection après une augmentation ou une diminution, sur le nombre d'objets qu'il faut ajouter ou enlever à une collection pour obtenir la quantité désirée, ou encore sur le nombre d'objets que contenait une collection avant qu'elle augmente ou qu'elle diminue;

– la recherche de la position qui sera atteinte après un déplacement sur une piste numérique ou sur l'amplitude du déplacement nécessaire pour passer d'une position à une autre;
– la recherche du résultat d'un partage équitable.

Confronté à la résolution de nombreux petits problèmes numériques dans le cadre de ces multiples contextes, l'élève se forge progressivement des réseaux de significations qui se noueront en structures de sens lorsqu'il découvrira que tous ces problèmes mettent en jeu les mêmes opérations arithmétiques : l'addition et la soustraction. Concernant les apprentissages numériques, l'enjeu à plus long terme est la création d'un système global de représentation et de traitement de représentations dans le cadre d'un large champ conceptuel : celui des **structures additives**.

Pour favoriser la création d'une telle structure de sens, l'enseignant pourra proposer d'écrire ce qui s'est passé (dans le but de garder la mémoire des situations). Les élèves prendront alors conscience qu'une même écriture mathématique peut représenter plusieurs situations dans des contextes différents : « 4 + 3 » peut décrire une situation d'ajout, de déplacement sur une piste ou d'une réunion de collections et le résultat sera le même quelle que soit la situation. **Le monde des écritures mathématiques fédère la multiplicité des contextes**, il donne une cohérence aux différentes représentations liées au contexte. La représentation des situations par des écritures mathématiques n'implique évidemment pas un travail purement arithmétique, mais permet les premiers glissements et basculements de contenus de représentation et de significations qui sont au fondement même de l'activité arithmétique. L'appropriation de ces glissements et basculements de significations sont bien des effets de l'apprentissage. Et l'école est bien le lieu privilégié de cet apprentissage !
De fait, dès la Grande Section de maternelle, les enfants confrontés à un calcul lié à une situation de réunion pourront très bien faire appel à un surcomptage (en relation avec la comptine numérique ou une bande numérique) « dans leur tête », ou encore, dans le cadre d'un jeu de l'oie, se souvenir que « 3 et 2, ça fait 5 » (en relation avec la réunion des points de deux dés) et mobiliser ce résultat pour anticiper la position atteinte sur la piste si la case départ est la case 3 et si le lancer de dé donne 2.

C'est dans le cadre de la résolution de problèmes numériques que l'activité de calcul se charge de ses premières significations : on représente (modélise) la situation dans le cadre arithmétique et on cherche le résultat dans ce cadre. L'arithmétisation des problèmes constitue les prémisses de la démarche d'algébrisation que les élèves s'approprieront au collège et au lycée. La démarche d'arithmétisation se distingue de celle d'algébrisation par le fait que la plupart des règles de l'arithmétique élémentaire peuvent trouver leur signification dans des faits produits par des actions concrètes (« 2 + 4 », c'est la même chose que « 4 + 2 » car si l'on inverse les deux dés, 2 et 4, on trouve le même résultat). En revanche, la règle d'algèbre qui consiste à faire passer un terme d'un membre dans l'autre à condition de changer son signe ne trouve sa justification que dans des structures d'objets mathématiques purement idéaux, donc dans le cadre de règles internes à un système.

C'est en jouant que l'enfant prend acte des premiers résultats élémentaires comme des **faits mathématiques** (surtout liés à un ajout, à la recherche d'un complément ou d'un retrait simple avec de petits nombres, à une décomposition). Ces résultats sont progressivement mémorisés (renforcés par leur émergence dans différents contextes), puis utilisés en situation pour résoudre d'autres problèmes numériques.
Dans le cadre de ces activités, l'élève découvre intuitivement les premières règles concernant les opérations, au moins pour les petits nombres car le transfert concernant les nombres quelconques s'opère plus tard (« 2 + 3, c'est la même chose que 3 + 2 »), mais aussi les premières règles de calcul qui mettent en jeu le système de numération (un enfant qui a son pion sur la case 14 et qui obtient 2 avec son dé se placera directement sur la case 16 car « 4 et 2, ça fait 6 »).

Les situations didactiques proposées dans cet ouvrage, les jeux, les situations fonctionnelles, les activités rituelles sont autant de moments où les enfants s'exercent à la résolution de problèmes numériques.

Tout au long de l'année, les enfants sont amenés à résoudre des problèmes lors du rituel de l'appel développé au chapitre suivant, lors de différentes situations d'apprentissage rencontrées précédemment auxquelles on ajoutera deux nouveaux jeux : le jeu du serpent et le jeu de la maison.

Compétence : résoudre des problèmes portant sur les quantités en utilisant les nombres connus, sans recourir aux opérations usuelles

42

Jeux mathématiques

Le jeu du trésor

L'enseignant propose une nouvelle variante du jeu du trésor aux enfants. Quand ils savent dénombrer des collections importantes de 40 à 69 jetons, qu'ils ont compris l'intérêt du regroupement par paquets de dix jetons et qu'ils savent lui donner un sens partiel, le jeu du trésor pourra évoluer. Il ne s'agira plus désormais de dénombrer, mais de calculer le nombre de jetons. Cette version du jeu est introduite après Pâques en Grande Section de maternelle.

Objectif : augmenter/diminuer une quantité

Organisation : un groupe de 6 à 8 élèves avec l'enseignant

Matériel :

– une boîte qui se ferme ;
– des jetons ;
– une bande numérique ;
– du papier et des crayons.

Règle du jeu

Les boîtes sont vidées de leurs jetons. L'enseignant donne à tous un même fond de caisse de 5 jetons qu'il met dans la boîte. Il rajoute ensuite à chacun un nombre variable de jetons (entre 1 et 5) et un papier sur lequel il a écrit le nombre de jetons ajoutés (par exemple 5 + 3) et on ferme la boîte.
Les enfants doivent écrire le nombre de jetons qu'ils ont dans leur boîte au verso du papier donné par l'enseignant (par exemple 8), mais, cette fois, ils n'ont pas le droit de compter les jetons : la boîte doit rester fermée. Quand il y a erreur, on revient à la situation de départ et l'enseignant modifie le nombre de jetons ajoutés.

Le problème que pose cette nouvelle variante du jeu du trésor repose sur le fait que les collections, si elles sont encore visibles (on utilise des petits pots en verre), ne sont plus accessibles tactilement au moment de l'anticipation. En revanche, elles le sont au moment de la vérification collective. Le fait qu'elles ne soient pas accessibles est important, car cela exclut une simple procédure de dénombrement et oblige à l'anticipation qui relève d'une procédure de comptage ou de calcul.

Les différentes procédures de résolution du problème

Par comptage

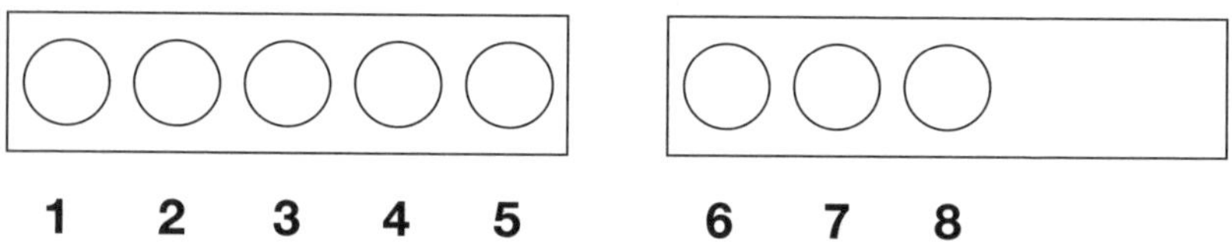

Cette technique, l'enfant ne peut la mettre en œuvre qu'au moment de la validation. Il fait comme si les deux collections initiales (5 et 3) n'en faisaient plus qu'une et il dénombre depuis le début.

En revanche, pour résoudre son problème, l'enfant peut choisir de représenter la situation par un dessin ou utiliser ses doigts. Cependant, il met toujours en œuvre la procédure du dénombrement à partir de 1. Mais cette technique est difficile à mettre en place sur la bande numérique : si l'enfant matérialise bien les cinq premiers éléments, se pose le problème de la représentation des trois suivants. À ce moment de l'apprentissage, il a rarement l'idée de pointer le 6, le 7 et le 8 en récitant 1, 2, 3. Il reste bloqué dans le cadre d'un mode de représentation (figurée par le schéma ci-dessous) et il ne peut résoudre le problème.

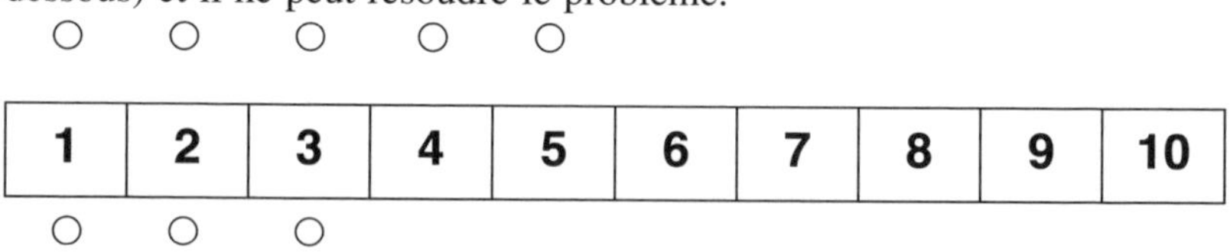

L'accès à un champ numérique plus étendu va amener l'enfant à choisir une procédure plus économique et adaptée que l'usage du dessin ou l'utilisation des doigts : pour résoudre 8 + 3, il ne pourra plus utiliser ses doigts de la même façon. De même, dessiner 12 + 7 devient trop long !

Remarques

• C'est l'augmentation des quantités qui entraîne l'abandon de la procédure du recomptage et favorise l'émergence d'un nouveau savoir-faire. C'est la situation qui détermine le choix et la pertinence des procédures.

• La structure du jeu fait que la réussite à un niveau amène, par augmentation du capital de jetons, à affronter de nouveaux obstacles. De même, l'échec permet de rester et de travailler dans sa zone d'apprentissage.

Par surcomptage

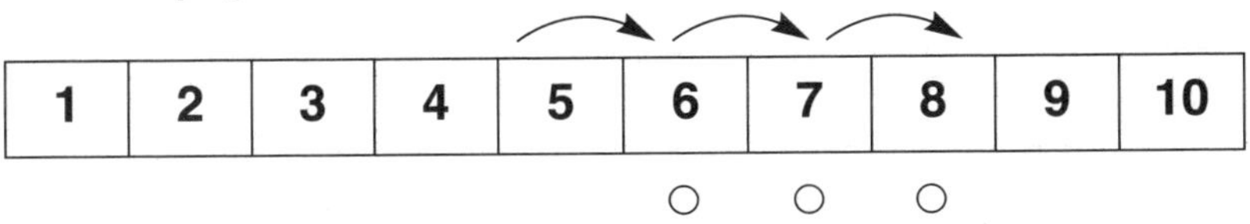

L'enfant met en mémoire la quantité de la première collection et représente la seconde collection sur ses doigts ou par un dessin. Cette technique l'oblige à savoir réciter la comptine numérique à partir de n'importe quel nombre et surtout à partir du bon nombre, c'est-à-dire avec le premier objet de la seconde collection. Cette procédure (partir de 5, avancer de 3 et arriver à 8) se matérialise plus facilement sur la bande numérique et permet de résoudre un plus grand nombre de problèmes.

On rencontre fréquemment l'erreur suivante :

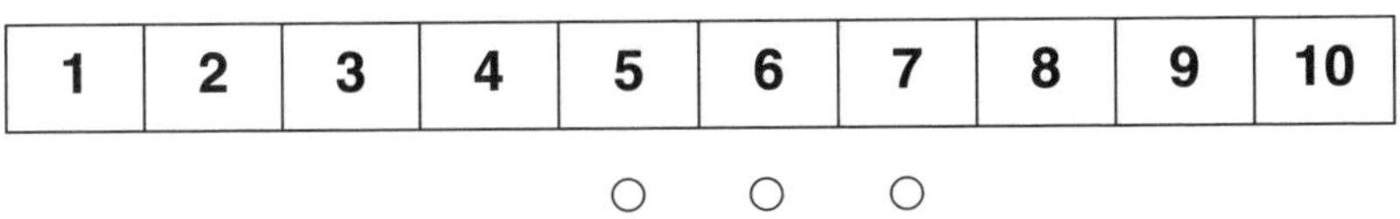

• Les variables didactiques portent sur le nombre de jetons ajoutés, sur l'extension du champ numérique et sur la formulation de la consigne. Par exemple :
– « Tu as 24 jetons. Moi, je t'écris combien je veux qu'il y en ait la prochaine fois : j'en veux 29. »
– « Un voleur est passé, il a pris 6 jetons. Combien en as-tu maintenant dans ta boîte ? » (On peut bien sûr « dramatiser » cette situation.)
– « Un voleur est passé. Dis-moi combien il t'a pris de jetons. »

Cette situation est intéressante car elle confronte les enfants à des problèmes arithmétiques de type additif ou soustractif.

Par décomptage dans le cas d'une situation soustractive

Quand on enlève une quantité, la procédure est la même que pour le surcomptage avec, comme difficulté supplémentaire, la nécessité de réciter la comptine numérique à l'envers.

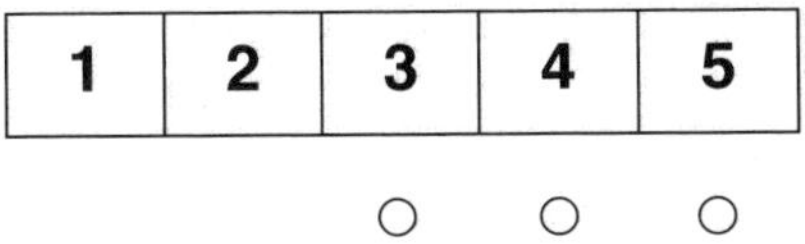

Ici, la bande numérique est d'un grand secours : « J'en ai 5 et j'en enlève 3. Si je pars de 5, le nombre m'est donné automatiquement, et je n'ai qu'à le lire. » Il faut faire remarquer que, dans le décomptage, on part du dernier nombre énoncé (ici du 5), alors que dans le surcomptage, on part juste après, ce qui cause quelques difficultés. On rencontre souvent l'erreur suivante : « 5 – 3, ça fait 3 parce que 5, 4, 3. »

Il ne s'agit pas d'enseigner le calcul à l'école maternelle, mais de permettre aux enfants d'élaborer des solutions originales à partir de ce qu'ils savent et des outils dont ils disposent pour résoudre les problèmes.

Remarques

- Le comptage : ce sont toutes les procédures décrites ci-dessus et qui s'apparentent au dénombrement. Ces procédures utilisent toutes une représentation des quantités et la récitation de la comptine numérique.
- Le calcul : on utilise des faits mémorisés (4 + 4 = 8) ou on applique des propriétés des nombres.

En maternelle, on a le temps de prendre le temps : il est nécessaire de faire vivre cette expérience aux enfants. Ils manifestent un intérêt certain pour ces activités, déploient une grande énergie et parviennent, non sans difficulté, à transformer une expérience réussie en savoir opérationnel. Il faut prendre le temps d'apprendre, d'expérimenter, de tâtonner, de se tromper et aussi de répéter, de reproduire avec plaisir ce que l'on sait faire avant de s'aventurer vers l'inconnu des choses pas encore apprises en étant assuré de ses capacités.

Le jeu de l'oie

Objectif : avancer/reculer

• Le jeu de l'oie et les jeux de piste permettent d'associer deux registres de représentation et de contrôle aux actions concrètes sur la piste numérique (les écritures chiffrées des nombres et le code oral). La multiplication des lancers de dé au cours d'une même partie permet aux enfants d'être mis en présence de multiples faits numériques. C'est dans l'action et par l'observation des faits produits que l'enfant commence à mémoriser des résultats et à anticiper le surcomptage sur la piste.

• Ces jeux ont également un autre intérêt. Chaque case a un double statut : la case 15 est la quinzième case (numéro 15), mais elle compte « pour une case » dans le déplacement. De plus, le dé présente le caractère cardinal du nombre, alors qu'avancer de 3 cases revêt un caractère ordinal.

Les jeux de doigts

Les jeux de doigts sont également propices à la résolution de problèmes numériques. En demandant aux élèves de faire 6 avec les doigts, plusieurs configurations apparaissent. L'enseignant peut alors proposer un défi : réaliser toutes les façons de faire 6 avec les doigts.
Un autre type de défi est possible : trouver à l'aide des doigts le résultat de 6 et 5. Il faut les doigts de deux enfants pour trouver le résultat : deux enfants prêtent leurs doigts et un autre dénombre.

Le jeu du serpent

Objectif : distribuer/partager

Organisation : un groupe de 4 enfants avec l'enseignant

Matériel :

– des jetons de couleur;
– des dés;
– une piste de jeu.

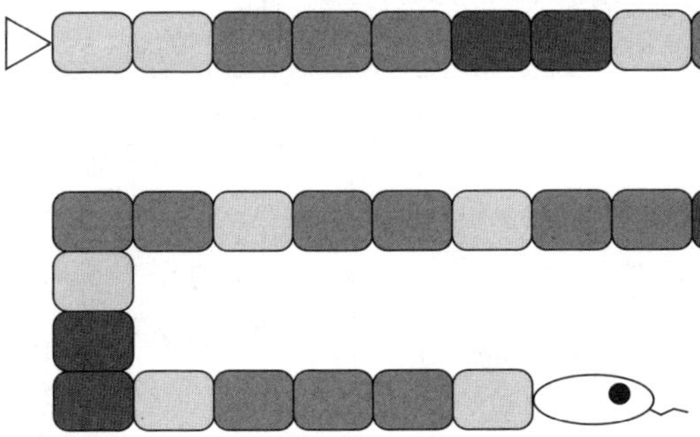

Règle du jeu

Les enfants doivent recouvrir le serpent avec les jetons de la couleur correspondante aux cases, le nombre de jetons est indiqué par le dé et c'est le meneur de jeu qui les donne. On est obligé de remplir les cases dans l'ordre en partant de la queue. Par exemple : « Si je fais 6 au premier lancer, je serai obligé de demander 2 jetons jaunes, 3 jetons bleus et 1 jeton vert au meneur de jeu. » Le gagnant est le premier à avoir rempli son serpent.

Ce jeu permet aux enfants de décomposer une quantité :
6, c'est aussi 2 + 3 + 1.

L'enfant doit construire une procédure de résolution de problème et savoir la mettre en œuvre. Le meneur de jeu donne à l'enfant le nombre de jetons qu'il réclame et lui demande de vérifier que la quantité correspond bien à celle indiquée par le dé.

Variable didactique

On peut jouer avec deux dés. La démarche consiste dans ce cas à associer les points des dés et à dissocier le résultat obtenu.

Le jeu de la maison

Objectif : distribuer/partager

Organisation : un groupe de 4 enfants avec l'enseignant

Matériel :

– des blocs de briques de couleurs différentes (de 1 en bleu, de 2 en jaune, de 3 en rouge et de 4 en vert en quantité suffisante ;
– un dé ;
– une maison par enfant.

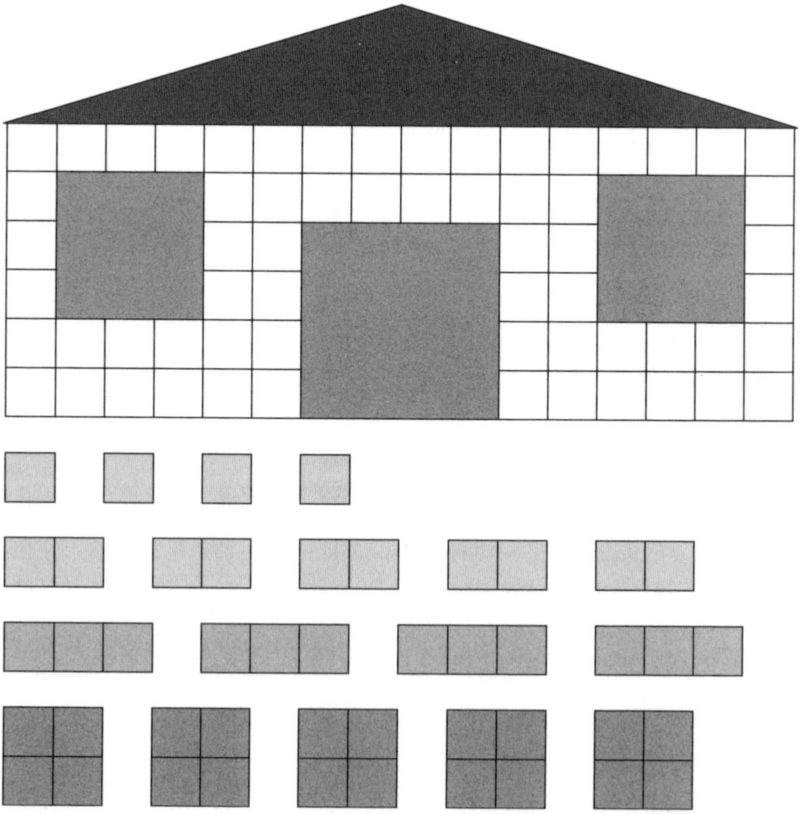

Prévoir des briques de formes carrées pour ne pas poser d'autres difficultés.

Règle du jeu

Un enfant lance le dé et doit demander au meneur de jeu le nombre de briques équivalent. Il peut les poser où il veut et où il peut (des briques sont déjà posées). Par exemple, s'il fait 5, il pourra demander : un bloc de 4 et une brique de 1, ou un bloc de 3 et un bloc de 2, etc.
Le gagnant est celui qui a construit sa maison le premier.

La configuration des cases sur la maison ne permet pas toutes les configurations et les enfants se compliquent eux-mêmes la tâche dans la mesure où ils vont privilégier l'aspect esthétique en cherchant à ordonner les couleurs.

Le savoir en jeu concerne la décomposition des nombres (jusqu'à 6) : 6 peut être décomposé en 2 et 2 et 2, ou en 3 et 3, ou en 4 et 2.

Compétence : résoudre des problèmes portant sur les quantités en utilisant les nombres connus, sans recourir aux opérations usuelles

43

Évaluation de fin d'année

Compétence : résoudre des problèmes portant sur la conservation des quantités

Consigne

On a mélangé les pièces des jeux dans les trois valises. Mets tous les ronds ensemble, ainsi que tous les carrés et tous les triangles. Vérifie bien que tu n'en as oublié aucun.

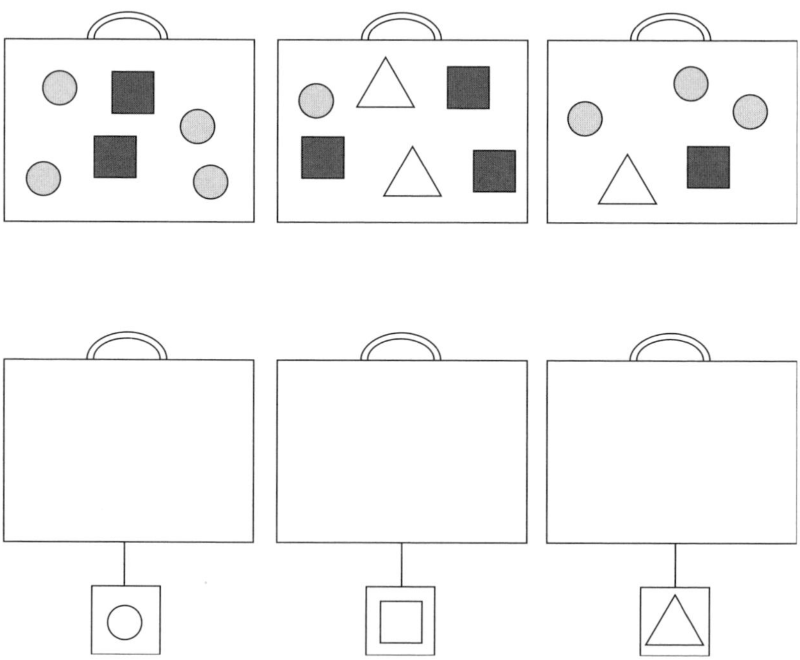

Procédures utilisées

- Comptage de tous les éléments d'un ensemble et dessin dans la valise appropriée.
- Comptage des éléments de chaque valise et report immédiat (pas de total).
- Correspondance terme à terme.
- Tri des formes sans référence au nombre.

Compétence : résoudre des problèmes portant sur l'augmentation des quantités

Problème 1

Consigne

Regarde : j'ai 3 jetons dans cette main et 2 dans l'autre main. Je les mets tous dans cette boîte.
Dessine tous les jetons qui sont dans la boîte.
Écris le nombre total de jetons.

Problème 2

Consigne

Tu as 5 jetons dans ta boîte. Je t'en donne 4 de plus.
Dessine tous les jetons qui sont maintenant dans la boîte.
Écris le nombre total de jetons.

Compétence : résoudre des problèmes portant sur la diminution des quantités

Consigne

Dans ma boîte, j'ai 6 jetons. J'en donne 2.
Dessine tous les jetons qui sont maintenant dans ma boîte.
Écris le nombre de jetons.

Compétence : résoudre des problèmes portant sur la distribution

Consigne

Voici un tas de jetons. Tu vas les répartir dans les 4 paquets. À la fin, il ne doit plus en rester dans ma boîte et aucun paquet ne doit être vide.

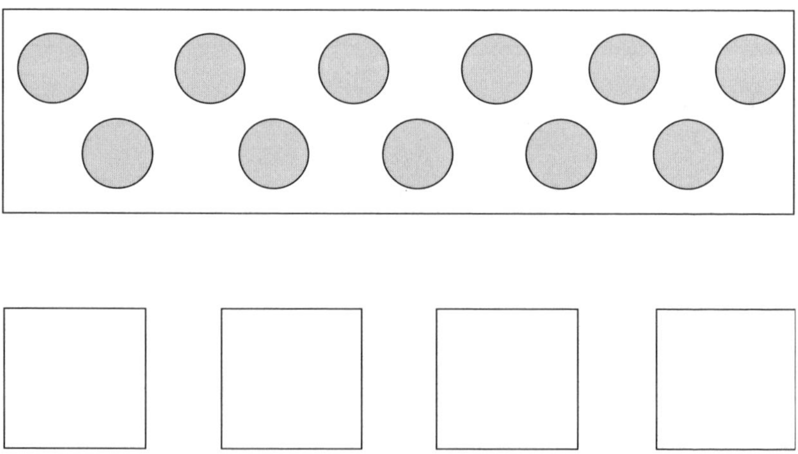

Compétence : résoudre des problèmes portant sur le partage

Problème 1

Consigne

Voici un tas de jetons. Tu dois les répartir dans les 3 sacs. Il faut qu'il y en ait autant dans chaque sac. Il ne doit en rester aucun dans la boîte.

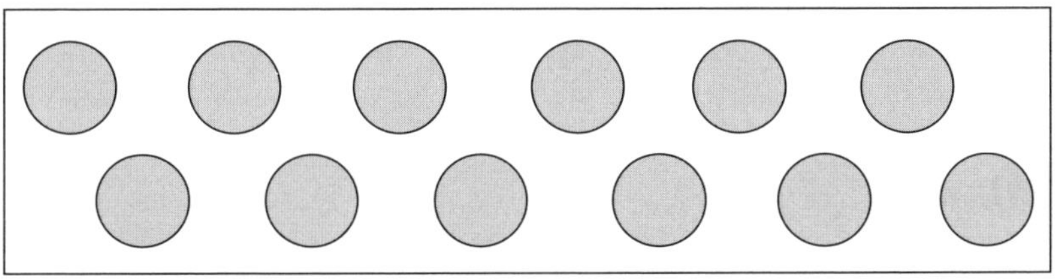

Problème 2

Consigne

J'ai distribué tous les jetons de ma boîte. J'en ai donné 2 à Allison, 2 à Iman et 2 à Hugo.
Dessine tous les jetons que j'avais dans ma boîte.
Écris le nombre de jetons.

	Savoir affirmé	Savoir à renforcer	Savoir en cours d'acquisition
L'enfant sait réaliser des sous-collections.			
L'enfant sait réaliser une distribution (il prend en compte tous les éléments).			
L'enfant sait réaliser l'équité des parts.			
L'enfant sait vérifier sa procédure et rectifier.			

Bilan

	Compétence affirmée	Compétence à renforcer	Compétence en cours d'acquisition
L'enfant est capable de résoudre des problèmes de **conservation**.			
L'enfant est capable de résoudre des problèmes de			
L'enfant est capable de résoudre des problèmes			
L'enfant est capable de résoudre des problèmes de			
L'enfant est capable de résoudre des problèmes de **dis-**			
L'enfant est capable de résoudre des problèmes de			

LE RITUEL DE L'APPEL

Du rituel de l'appel aux activités mathématiques

Les connaissances mathématiques prennent sens dans les problèmes qu'elles permettent de résoudre. Un des premiers usages de la comptine numérique est de permettre le dénombrement du groupe d'élèves de la classe. Cette situation permet aux élèves de développer des compétences de recherche, de validation, de communication et d'anticipation, de leur faire prendre conscience qu'ils sont capables de réfléchir et que cette réflexion leur donne un pouvoir sur le réel. Le rituel de l'appel permet d'apprendre à dénombrer une quantité, à écrire les nombres, à comparer des quantités et enfin à calculer en utilisant un outil : la bande numérique. Ce rituel se pratique tous les matins en grand groupe dans le coin rassemblement. Si l'objectif reste le même (répondre à la question « Combien y a-t-il d'élèves présents aujourd'hui à l'école ? »), les moyens utilisés vont évoluer et se complexifier tout au long de l'année.

Il est important de veiller à ce que ce questionnement devienne celui de la classe : il faut que chaque enfant soit mobilisé. L'enseignant s'adresse au groupe-classe. C'est un moment collectif très riche dans lequel l'enfant apprend à devenir élève et à définir son rapport au savoir. Sont ainsi données en actes les réponses aux questions :
- « Qu'est-ce que l'école attend de moi ? »
- « Qu'est-ce qu'apprendre ? »
- « Comment apprendre ? »

L'enseignant doit veiller à ce que soient dévoilées les procédures de résolution et de validation en demandant aux enfants : « Comment le sais-tu ? », « Comment as-tu fait ? », « Pourquoi dis-tu ça ? », « Qu'en pensez-vous ? Pourquoi ? »... Le savoir se définit ainsi comme une construction collective et interactive.

Il doit également veiller à ce que le rituel ne se sclérose pas dans une répétition stérile et formelle : le savoir est toujours en mouvement, vivant, le questionnement toujours présent. Quand le groupe-classe maîtrise suffisamment un savoir, une procédure, l'enseignant doit introduire de nouveaux objets pour interroger autrement et faire émerger d'autres savoirs.

Apprendre à dénombrer

Pour dénombrer une collection, il faut :
– savoir réciter la comptine numérique;
– synchroniser la récitation de la comptine et le pointage de chaque objet de la collection à dénombrer;
– ne pointer chaque objet qu'une seule fois;
– n'oublier aucun objet;
– cardinaliser le dernier terme de la comptine.

Première situation

En début d'année, le dénombrement est fait collectivement. L'enseignant se déplace et touche chaque enfant au rythme de l'énonciation de la comptine par le groupe-classe. À la fin de l'énumération, il faut reposer systématiquement la question « Combien sommes-nous ? » pour que les enfants prennent conscience du fait que c'est le dernier nombre de la comptine qui fait quantité (plus exactement quotité).

Le **principe de cardinalité** consiste à admettre que la dernière étiquette verbale prononcée désigne le nombre d'éléments de la collection. L'enseignant va fréquemment redire : « 1, 2, 3, 4, 5. Il y en a 5. » Cette redondance aide l'enfant à accepter ce principe et à le mettre en œuvre.

Remarque
Dans ce premier dispositif, l'enseignant se montre en train de résoudre un problème. Donc il montre aux élèves comment ils doivent faire s'ils veulent à leur tour répondre à la question posée, ce qui constitue un premier processus de dévoilement.
L'enseignant annonce ce qu'il va faire : « Pour savoir combien on est, je vais compter les élèves un par un », et commente : « Aujourd'hui, je vais commencer par ceux qui sont assis sur les bancs » ou « Ne changez pas de places sinon je pourrais vous compter deux fois et on se tromperait. »

Deuxième situation

Ensuite, le dénombrement est pris en charge par les élèves. Les problèmes rencontrés sont nombreux : certains élèves sont oubliés, d'autres sont comptés plusieurs fois parce qu'ils ont bougé; l'enfant dit deux nombres alors qu'il ne touche qu'un seul élève ou dit un nombre alors qu'il ne touche personne; parfois il oublie le texte de la comptine, absorbé par la gestion du pointage et quand il a réussi toutes ces épreuves et que l'enseignant demande : « Alors, combien sommes-nous aujourd'hui ? », il n'a aucune réponse à fournir.

Dans cet apprentissage, l'élève est aidé par ses pairs qui interviennent, analysent, commentent, critiquent, conseillent et démontrent : « Et moi, tu m'as pas compté ! » ou « Mais tu m'as déjà compté ! » C'est un moment très riche d'interactions verbales, de langage, où s'expriment des conseils méthodologiques et où s'affirment des savoirs.

• Pour faciliter la maîtrise du dénombrement, le maître peut intervenir en :
– partageant les tâches : un enfant pointe, les autres récitent la comptine ;
– organisant le groupe à compter (assis sur un banc, c'est plus facile qu'éparpillés au sol) ;
– différenciant les élèves déjà comptés de ceux qui ne le sont pas encore (tous les élèves sont debout au départ, ils s'assoient au fur et à mesure qu'ils sont comptés).

• Pour objectiver les actions du dénombrement, l'enseignant peut choisir de se tromper ostensiblement en dénombrant pour amener les enfants à corriger son erreur. Il peut recompter une file d'enfants en commençant par l'autre extrémité. Il peut aussi changer la disposition spatiale des éléments à dénombrer pour permettre de mettre en évidence l'invariance du résultat. L'élève doit découvrir que l'ordre dans lequel sont comptés les objets n'influe pas sur le résultat du dénombrement. Il doit savoir faire abstraction de la nature des objets dénombrés et de leur position spatiale.

Troisième situation

Quand les élèves commencent à travailler sur la reconnaissance visuelle des prénoms, le rituel de l'appel se fait progressivement par la lecture collective des étiquettes-prénoms. On classe alors les prénoms en deux parties : les présents et les absents.

Remarque
Il est intéressant de noter que l'on passe ici de l'objet réel (l'enfant) à l'objet représenté (l'étiquette-prénom représentant l'enfant). On met en place un autre rapport au monde, on apprend que le réel peut être représenté, symbolisé. Cette représentation permet d'agir plus efficacement ; il est plus facile de ranger des étiquettes que des enfants pour pouvoir les dénombrer ! Et cette représentation entretient un rapport fidèle au réel.

L'enseignant doit être attentif à ses propres paroles. Dire : « Compte le nombre d'élèves » n'est pas la même chose que « Je veux savoir combien il y a d'élèves dans la classe. » La première consigne suscite l'application mécanique d'un savoir-faire (le dénombrement), la seconde laisse à l'élève le choix d'une procédure de résolution de problèmes.

D'ores et déjà, l'élève peut choisir sa procédure : compter les élèves ou compter les étiquettes-prénoms qui sont dans la boîte des présents. (« Quelles étiquettes ? » « Celles qui sont dans la boîte des présents, bien

évidemment. ») Puis d'autres procédures apparaîtront. En revanche, il est judicieux de faire valider une procédure par une autre. Par exemple : un élève compte les autres élèves, le groupe vérifie avec l'enseignant en dénombrant les étiquettes. C'est encore plus intéressant quand il y a discordance de résultat entre les deux procédures car se pose la question du pourquoi et le groupe est mobilisé pour chercher l'erreur soit dans la procédure de dénombrement, soit dans le tri des étiquettes.
Bien sûr, tout ce travail est reformulé par l'enseignant : « On s'était trompé parce qu'on avait mis l'étiquette de Benoît chez les présents, c'est pour ça qu'on trouvait un élève de trop », et les critères de réussite annoncés : « La prochaine fois, il faudra qu'on fasse bien attention quand on triera les étiquettes. »

Remarques
• Ce travail de dévoilement paraît fondamental car il montre à ceux qui ne savent pas encore comment il faut faire pour savoir. On est loin d'une conception innéiste et élitiste du savoir. On dit à chacun comment s'emparer du savoir et cela signifie à chaque enfant qu'on sait qu'il peut le faire et qu'on est sûr qu'il le fera.
• De plus, dans ces moments d'élaboration collective de savoirs, l'individu n'est pas mis en danger : c'est le groupe qui est sollicité. Le cadre dont l'enseignant est garant assure la sécurité de l'enfant dans la communauté des apprenants. Le droit à l'erreur est reconnu. Toute proposition, quand elle se situe dans le cadre défini, est accueillie avec bienveillance (les autres sont écartées). La parole de tous est reconnue comme légitime et digne d'intérêt. On accepte aussi que certains enfants préfèrent observer, écouter, adoptant une attitude de participation silencieuse.

Quatrième situation

Quand les élèves savent à peu près utiliser les référentiels pour reconnaître l'écriture de leur prénom, ils cherchent leur étiquette-prénom et la rangent dans une boîte, le matin, à leur arrivée en classe.

Écrire pour communiquer ou garder en mémoire

Il est intéressant de noter le nombre d'élèves de plusieurs façons.

• Par affichage des étiquettes-prénoms qui sont classées en deux ensembles, ce qui privilégie l'aspect cardinal du nombre.

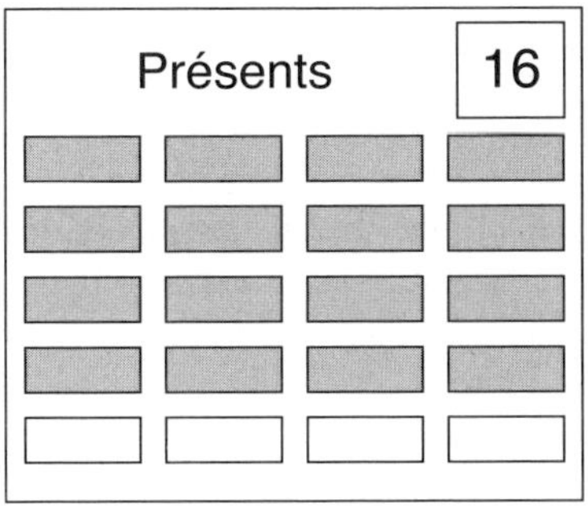

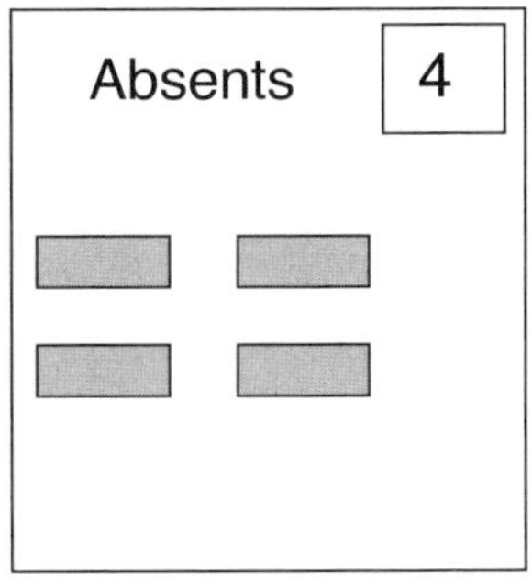

• Par codage sur une bande numérique qui privilégie la valeur ordinale du nombre.
On indique sur la bande numérique le nombre de présents, on peut matérialiser aussi le nombre total d'élèves de la classe. Cet affichage permet de trouver le nombre d'absents par complémentarité.

1	2	3	4	5	6	7	8	9	10	11	12	13	14	15	16	17	18	19	20	

Remarque
En coexistant, ces deux modes d'affichage permettent la mise en correspondance de l'aspect cardinal et de l'aspect ordinal du nombre.

Comparer

Cinquième situation

Le dispositif est le même que précédemment mais, cette fois, les présents doivent mettre leurs étiquettes dans la boîte « Filles » ou la boîte « Garçons ».

Sixième situation

Cette fois, le tri se fait selon l'organisation de la classe en sections (une boîte pour les grands et une pour les moyens) ou en groupes de travail (par exemple, une boîte pour les bleus, une pour les jaunes et une troisième pour les rouges).

Ces trois dernières situations (filles/garçons, grands/moyens, les bleus/les jaunes/les rouges) introduisent la comparaison : les élèves veulent savoir s'ils appartiennent au groupe le plus nombreux. L'enseignant leur demande alors qui a gagné aujourd'hui. Les enfants doivent justifier leurs réponses.

On note alors plusieurs types de réponses :
– la correspondance terme à terme;
– le dénombrement.

On aligne les étiquettes en deux colonnes (colonne des filles/colonne des garçons) :

fille	garçon
fille	garçon
fille	garçon
fille	garçon
fille	

Puis on interprète ensemble la configuration. On verbalise, on justifie, on argumente et on reformule :
– « Il y a plus de filles que de garçons, parce qu'il y en a une qui est toute seule. »
– « Il manque 1 garçon. »
– « C'est les garçons qui perdent parce que y en a un de moins. »
– « Y a une fille en plus. »

Les élèves imaginent d'autres situations, posent des données différentes. Ils en tirent des déductions, parfois erronées, mais peu importe : leurs dires sont pris en compte et validés ou non par le groupe et par l'enseignant. Par exemple :
– « Oui, mais si Alexis était là, on serait pareil, y aurait égalité. »
– « S'il manquait une fille, si Salomé n'était pas là, on serait pareil. »

Pour valider, l'enseignant utilise et développe une autre procédure : « Tu vois, il y a 5 filles et 4 garçons. 5, c'est plus grand que 4 et regarde sur la bande numérique : on trouve d'abord 4, et après 5; c'est 4 le plus petit parce qu'il est avant 5. »

Remarque
Créer l'écart : reformuler, ce n'est pas redire la même chose dans un langage normalisé et correct, c'est dire autrement. Ici, c'est introduire une procédure de second niveau.

Calculer, anticiper et prédire

Pour répondre à la question « Combien y a-t-il d'élèves dans la classe ? », l'enfant peut :

– compter les élèves;
– compter les étiquettes;
– utiliser les écrits existants déjà (ce que permet l'affichage régulier des nombres) : « C'est comme hier, il y a 1 absent, donc on est 19. On n'a pas besoin de compter ni de changer l'affichage. » L'élève découvre que pour trouver une réponse à une question posée, on dispose de procédures diverses : ici, on réutilise un écrit. Cette procédure est économique;
– mémoriser des « cas de figures » et donc anticiper les résultats : « Moi je sais : quand il en manque 1, on est 19. »

Remarque
L'élève met en œuvre des savoirs automatisés. Il n'a plus besoin de répéter une procédure de dénombrement : il est devenu expert. L'expertise étant définie comme la procédure la plus rapide et la plus efficace.

L'affichage sur une bande numérique permet aussi de visualiser les relations perçues entre les nombres en mesurant l'écart : « Quand on est 19, c'est qu'il en manque 1. », « Quand on est 18, c'est qu'il en manque 2. »..., et réciproquement : « Il en manque 1, alors on est 19. »

Remarques
L'élève s'entraîne à représenter des problèmes sur la droite numérique et à leur trouver une solution. Il approche aussi différentes significations de la soustraction :
• Le sens « enlever » : il manque 4 enfants, on les enlève et on trouve que nous sommes 16. (On peut enlever 4 éléments en partant du 1, du 20 ou de façon désordonnée mais, quelle que soit la manière, il restera toujours 16 élèves. La façon la plus économique est celle qui enlève en partant du 20 parce que l'on n'a plus besoin de recompter, mais seulement de lire.)
• Le sens « complément » : on est 16 présents, donc on complète pour aller à 20 et on trouve qu'il manque 4 élèves.

Le résultat de ces procédures est confirmé ou infirmé par le tableau d'étiquettes ou par le retour au réel et non par la parole de l'enseignant.

L'élève traduit une situation concrète en langage mathématique; il trouve une solution à un problème réel en utilisant des outils et un vocabulaire mathématiques. C'est une familiarisation, une appropriation lente, qui vise le long terme et constitue une ébauche de culture mathématique, un socle sur lequel viendront se greffer les apprentissages ultérieurs du cycle 2.

Exemple d'une procédure utilisée par les enfants

Les élèves affichent l'étiquette des absents sous la bande numérique en partant du 20 (repéré par un point rouge comme étant le nombre total d'élèves de la classe). Quand l'enseignant arrive dans le coin rassemblement, ils ont une réponse argumentée à fournir à la question qu'il n'avait pas encore posée.

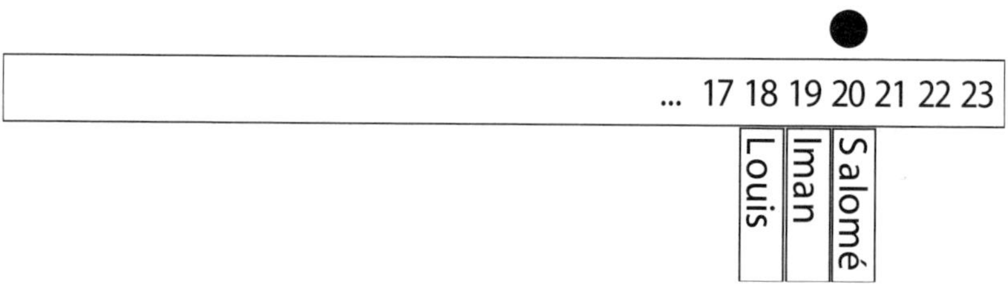

Remarque
Le principe de dévolution : le problème est devenu celui des élèves ; ils se posent des questions, inventent une procédure de résolution de problème et donnent la réponse qu'ils savent justifier.

De l'oralisation à l'écriture

Quand un élève sait dire : « On est 19 parce qu'il en manque 1 », alors l'enseignant peut lui dire : « Ce que tu me dis, cela peut s'écrire $20 - 1 = 19$. » Nous développerons ce point de vue dans la dernière partie de cet ouvrage. Il n'est pas question d'apprendre la soustraction, mais seulement de donner aux élèves un nouvel objet culturel qui décrit la situation et qui permet d'en garder trace.

Les tableaux à double entrée

Première situation

Après avoir abordé les croisements de partition dans le cadre de la logique, l'enseignant peut introduire un autre rituel : chaque matin, en entrant en classe, l'élève doit signifier sa présence en cochant sa case dans un tableau.

	présents
Anaïs	×
Gaëtan	×
Pierre	×
Coralie	
Mouna	×
Dillon	

(4)

Par ce dispositif, l'élève utilise des savoirs dans un cadre autre que celui de l'acquisition. De plus, il apprend à lire un tableau.

L'enseignant questionne :
– « Combien manque-t-il d'enfants ? Comment le sais-tu ? »
– « Comment fait-on pour savoir combien il y a d'absents et combien il y a de présents ? »

Les données numériques sont validées par le dénombrement des élèves.

Deuxième situation

	filles	**garçons**
Anaïs	×	
Gaëtan		×
Pierre		×
Coralie	×	
Mouna	×	
Dillon		×
Reda		×
...		
	9	10
	19	

Ce deuxième tableau permet d'affiner la lecture : il y a une croix par ligne et non par case. Il permet aussi de comparer le nombre de filles et le nombre de garçons. Il fait apparaître également un autre écrit mathématique dans la mesure où l'on peut dire, par exemple : « Aujourd'hui, il y a 9 filles et 10 garçons. On est 19 en tout. » L'enseignant peut alors intervenir et dire : « Je vais l'écrire en langage mathématique. Ça s'écrit : 9 + 10 = 19. »

Remarque
Il est très intéressant de faire cohabiter les deux écritures : 9 + 10 = 19 et 20 – 1 = 19. Ce double écrit suscite l'intérêt des enfants. L'enseignant peut alors expliquer qu'il y a plusieurs façons de calculer le nombre d'élèves dans la classe.

Autre mise en relation possible : 9 + 10 = 19 et 10 + 9 = 19.
Les élèves remarquent que l'on a « croisé » les nombres 9 et 10 mais que cela ne change rien.
Les élèves peuvent aussi remarquer que dans le résultat de la somme 10 + 9, il y a aussi un 1 et un 9.
Quand les élèves sont familiers de ce genre d'écrit, qu'ils leur donnent du

sens, l'enseignant écrit systématiquement les écritures : 10 + 9 = 19 ; 9 + 10 = 19 ; 20 – 1 = 19.

Autres problèmes possibles

• L'enseignant cache le tableau des présents et dit en écrivant les nombres : « Aujourd'hui, on est 19 et il y a 10 garçons. Combien y a-t-il de filles ? »
• Il est possible de repérer sur la bande numérique le nombre total de filles et de garçons : « Aujourd'hui, il y a 8 garçons. Combien en manque-t-il ? »

Troisième situation

	les bleus	les jaunes	les rouges
Anaïs	×		
Gaëtan		×	
Pierre			×
Coralie	×		
Mouna	×		
Dillon			×
Reda		×	
...			
	7	7	6
	20		

On peut écrire : 7 + 7 + 6 = 20 ou 6 + 7 + 7 = 20.

C'est parce que toute l'année, l'enseignant écrit des phrases mathématiques qui ont du sens pour les élèves que ces derniers peuvent observer ces écrits, se détacher peu à peu de leur contextualisation pour les interroger en tant qu'objets porteurs de sens, faire des hypothèses, vérifier, argumenter, théoriser, mettre en œuvre et systématiser leurs découvertes. Il n'est pas question de faire des apprentissages systématiques de type CP, mais simplement en donnant à voir et en prenant en compte les remarques foisonnantes des élèves, de leur permettre de se construire des représentations et des savoirs sur le système numérique arithmétique.
Le rôle de l'enseignant est d'abord de savoir entendre ce qui se dit pour faire le lien entre ce que l'on entend et ce que l'on voit, ce que l'on croit comprendre et ce qui est, non pas en réfutant, mais en proposant à l'élève des contre-exemples qui invalident la proposition et en posant des questions qui réorientent la recherche.

DÉCOUVRIR, COMPRENDRE ET UTILISER L'ÉCRIT MATHÉMATIQUE

Lire et écrire pour agir et communiquer

« Les premières difficultés rencontrées par les élèves au Cours préparatoire, et notamment ceux issus des milieux populaires, est l'incapacité à traiter le langage comme un objet étudiable en soi à partir de multiples points de vue. [...] Il y a une transformation radicale du rapport au langage et au monde dans le passage de l'oral à l'écriture, discontinuité radicale, changement de statut ontologique. [...] Ce qui sous-tend l'ensemble des manifestations d'échec scolaire à l'école primaire, ce n'est pas un manque d'esprit abstrait ou un esprit trop concret, mais c'est une question d'attitude face au langage. Les élèves en échec n'ont pas le bon rapport au langage ce qui explique qu'ils éprouvent des difficultés[1]. » Ces remarques de Bernard Lahire concernant la langue maternelle s'appliquent tout autant à l'écrit mathématique.

Le programme du cycle 2 affirme que « l'essentiel de l'effort que doit faire un enfant pour s'approprier les instruments de la culture écrite (les mathématiques en font partie) relève de sa capacité à modifier sa relation au langage. Il appartient donc aux enseignants de conduire tous les élèves à s'intéresser au langage non seulement pour ce qu'il peut dire, mais aussi à la manière dont il le dit. [...] C'est en ce sens que l'enseignement des mathématiques et celui du langage écrit s'articulent si fort au sein des apprentissages fondamentaux[2]. »

Trois arguments majeurs plaident pour la prise en compte des premiers apprentissages concernant l'écrit mathématique à la maternelle :

• L'absence d'un premier niveau d'appropriation de l'écrit mathématique à l'école maternelle conduit inévitablement à une rupture radicale dans

1. B. Lahire, *Culture écrite et inégalités scolaires : sociologie de l'échec scolaire à l'école primaire*, PUL, 2000.
2. Extrait des programmes de l'école primaire, *BOEN* hors-série n° 1 du 14 février 2002.

l'apprentissage lors du passage au Cours préparatoire. C'est cette discontinuité des apprentissages qui fait obstacle aux enfants de milieux populaires, parce que leur milieu social ne leur enseigne pas comment mettre en relation les différents registres sémiotiques qui permettent de signifier à propos d'un même domaine d'activités ou d'un même objet. Les élèves en difficulté sont ceux qui ont du mal à changer de point de vue, de cadre, de type de représentations, de registres (voir p. 247).

• Les nombres ne prennent vraiment consistance d'objets, ne commencent à exister que par le truchement du langage mathématique où la part de l'écrit est primordiale. C'est l'écriture d'un nombre qui lui donne un statut d'objet. Pour qu'un objet existe il doit « faire signe ». Les nombres dévoilent d'abord leur existence lors d'actions concrètes exercées sur les collections, mais cette découverte resterait impossible sans l'existence du langage mathématique qui est un apport culturel déterminant (celui de l'école et de la société). Maîtriser les actions de dénombrement nécessite l'emploi des mots de nombres, mais si l'enfant n'utilise que le code oral, le nombre n'est pas vraiment saisi comme outil, puisqu'il est alors trop fugace pour avoir un statut d'objet. En d'autres termes, un outil n'est perçu comme tel que s'il est également saisi comme objet, et seul le code écrit qui perdure peut permettre de saisir ces objets idéaux que sont les nombres (voir p. 207).

• L'écrit mathématique est déjà là et fait partie du monde qui environne l'enfant. Les programmes 2002 ont placé le domaine mathématique dans le cadre de la « Découverte du monde ». Découvrir le monde, c'est à la fois mettre en œuvre des actions pour mieux se l'approprier, mais c'est aussi questionner le monde des écritures présentes, tenter d'en donner raison et s'en servir pour commencer à structurer le flot d'informations qui submerge.

Lorsqu'on leur en donne la possibilité, on constate que la grande majorité des élèves désire dévoiler le sens qui se cache derrière les écritures mathématiques (la bande numérique, les calendriers, les dates, etc.). Pour eux, l'écriture d'un nombre est bien l'apparaître d'un objet qu'ils désirent connaître et dont ils veulent se servir avec, souvent, une grande jubilation. Ces grands nombres apparaissent spontanément dans le cadre d'une activité d'écriture libre sur un cahier personnel d'écriture. L'écrit mathématique est un donné perceptif, un observable différent des phénomènes dont il est issu.

Lorsque les programmes de l'école maternelle affirment qu'à ce niveau « les nombres sont essentiellement dits » et que « la résolution des problèmes rencontrés ne nécessite pas l'introduction du formalisme mathématique (+, –, =) », c'est parce que les concepteurs de ces programmes veulent éviter tout enseignement du formalisme. Or l'écrit mathématique constitue une interface entre différents niveaux de réalité : celui des objets nombres concrets (principe de cohérence d'actions) et celui des objets nombres d'un niveau d'abstraction supérieur (principe de cohérence de règles d'action exercées sur les écritures mathématiques). À la maternelle, le rôle de l'écrit mathématique est de structurer les actions concrètes exercées sur les collections et non, bien sûr, de mettre en œuvre des règles de l'arithmétique. En privant les élèves de ces signes écrits qui ont d'abord pour fonction de structurer les actions, on crée l'obstacle futur concernant le sens des écritures. Au Cours préparatoire, les élèves seront mis en demeure de s'approprier des règles d'action sur les écritures à un second niveau d'abstraction, sans qu'ils aient eu le temps de s'approprier les significations attachées au premier niveau. Mais cette structuration des actions est largement facilitée par la découverte de la structuration du système de numération décimale.

Le lecteur trouvera ci-après des propositions d'activités qui aideront l'élève à s'approprier ce monde des écritures mathématiques et à stabiliser les apprentissages numériques proposés dans l'ensemble de l'ouvrage. Ces activités ne donnent pas lieu à des évaluations normatives. Le pouvoir que cette première appropriation de l'écrit mathématique donne à l'élève dans le cadre des activités mathématiques constitue, en revanche, la meilleure des évaluations formatives.

44

La bande numérique (écrire, lire, calculer)

À quoi sert la bande numérique ?

• C'est un outil qui permet, dans un premier temps, de lire et d'écrire des nombres dont on n'a pas mémorisé l'écriture chiffrée. Elle permet de se construire une image linéaire de cette suite ordonnée sur un axe orienté. Elle permet de repérer que chaque nombre occupe une place précise, qu'il est avant ou après tel autre nombre et que, celui qui est plus loin, c'est-à-dire qui vient après, est le plus grand. L'enfant découvre la valeur ordinale du nombre.

• Elle permet aussi de résoudre des problèmes liés à la modification de quantités, donc de calculer (par déplacement sur la bande).

• Elle favorise également la découverte :
– du principe algorithmique de la numération décimale, c'est-à-dire la perception du principe d'engendrement et d'organisation des écritures chiffrées ;
– du principe de position : la valeur du chiffre dépend de sa position dans l'écriture (c'est ce qui différencie 12 et 21, par exemple) ;
– du rôle clé des dizaines (les cases 10, 20 et 30 peuvent être matérialisées par un code et mises en correspondance avec les ruptures dans le code oral).

Quelle bande numérique ?

L'enseignant veille à afficher une bande numérique collective à hauteur d'enfant, dans le coin rassemblement, qui servira quotidiennement à résoudre les problèmes posés par la gestion du nombre d'élèves de la classe et l'écriture de la date. Il fournit également à chaque enfant une bande numérique qui évoluera en cours d'année selon les performances et les besoins de chacun. Au cours de l'année scolaire, les enfants auront ainsi trois bandes numériques dont l'extension dépendra des besoins et des capacités de chacun.

La première bande numérique

Elle va jusqu'à 10 et correspond globalement aux nombres visualisables.

1	2	3	4	5	6	7	8	9	10	

Un espace est laissé en dessous des écritures de nombres pour que les enfants puissent poser le doigt sous chaque nombre compté ou aligner des jetons pour les dénombrer. On laisse également des cases vides au-delà du dernier nombre pour suggérer que la suite des nombres n'est pas close.

Cette bande est vite abandonnée.

La deuxième bande numérique

Elle va jusqu'à 30 et elle couvre le domaine des nombres familiers. C'est la bande la plus utilisée ; certains enfants n'en auront pas d'autres. Elle ne permet plus l'alignement des jetons pour éviter que les enfants ne s'enferment dans une procédure non numérique de correspondance terme à terme.

1	2	3	4	5	6	7	8	9	10	11	12	13	14	15	16	17	18	19	20	21	22	23	24	25	26	27	28	29	30

La troisième bande numérique

Enfin, la dernière bande n'en est pas vraiment une : l'enseignant fournit un tableau des nombres jusqu'à 100 présentés en lignes de dix. C'est le domaine des grands nombres, mais il est peu utilisé pour la lecture des écritures des nombres. Quand les élèves savent dénombrer au-delà de 30, ils ont compris le principe d'écriture et ne réclament plus de bande numérique. En revanche, le tableau permet à l'élève de se construire une bonne image mentale de la suite des écritures de nombres avec son organisation et ses régularités.

	1	2	3	4	5	6	7	8	9
10	11	12	13	14	15	16	17	18	19
20	21	22	23	24	25	26	27	28	29
30	31	32	33	34	35	36	37	38	39
40	41	42	43	44	45	46	47	48	49
50	51	52	53	54	55	56	57	58	59
60									

Comment utiliser la bande numérique ?

Il ne suffit pas que la bande numérique soit affichée pour qu'elle devienne utilisable. Il faut y recourir fréquemment pour qu'elle prenne du sens et que les élèves l'utilisent spontanément pour résoudre les problèmes qui leur sont posés.

C'est une opération complexe. En effet, il faut :
– garder en mémoire le nombre cherché ;
– appliquer une procédure complexe : pointer les cases de la bande numérique en récitant la comptine numérique en partant du 1 et savoir s'arrêter au nombre visé ;
– repérer ce nombre, l'isoler et le garder en mémoire pour le lire ou l'écrire.

Cela exige aussi de savoir :
– dissocier son but (écrire un nombre) des moyens (procédures et outils utilisés) ;
– différer la réponse dans le temps (apprendre à renoncer à l'immédiateté, apprendre la durée) ;
– savoir ordonner et coordonner ses actions dans le temps.

Comment l'enfant utilise la bande numérique ?

L'élève utilise la bande numérique en partant de 1

Pour chercher un nombre, l'élève part toujours de 1. Or, quand il veut lire ou écrire 29, c'est une procédure fastidieuse. On matérialise alors les dizaines sur la bande par une couleur. C'est une étape qui durera tout au long de l'année pour certains élèves, d'autres iront plus loin.

L'enfant utilise la bande numérique en partant d'un autre nombre

L'enfant a appris à réciter la comptine numérique à partir de n'importe quel nombre, il va pouvoir aussi apprendre à utiliser la bande numérique en partant d'un nombre plus proche (par exemple, 20 pour 29, 10 pour 15). C'est un savoir-faire qui permet de gagner du temps et d'économiser sa peine, mais qui entraîne l'appropriation d'autres savoirs. On voit les élèves partir machinalement de 1, regarder le nombre qu'ils ont à lire, chercher un autre point de départ plus avantageux. Les jeux mathématiques comme le jeu de la roue (voir p. 118), le jeu du nombre mystérieux (voir p. 117) ou celui des cases cachées (voir p. 188) permettent de s'approprier et d'optimaliser l'usage de la bande numérique.

Remarque
En proposant des problèmes dont la résolution nécessite l'utilisation des nombres, on privilégie une approche globale et fonctionnelle du nombre. L'élève sait dénombrer une collection, lire et écrire des nombres de mémoire ou en utilisant la bande numérique.

45

Le jeu du trésor (dénombrer, écrire, lire)

Ce jeu est abordé dans le cadre des activités concernant les compétences suivantes : « associer le nom des nombres connus avec leur écriture chiffrée en se référant à une bande numérique » et « résoudre des problèmes portant sur les quantités en utilisant les nombres connus, sans recourir aux opérations usuelles ». Une autre partie de son déroulement est décrite ci-après dans le cadre d'activités concernant la découverte et les premiers éléments de compréhension du système de numération. Il s'agit ici d'en rappeler et d'en préciser le principe de fonctionnement.

Objectifs

Le jeu du trésor se déroule tout au long de l'année, une fois par semaine, par groupe de huit enfants maximum. L'objectif de ce jeu est d'abord de découvrir une des fonctions du nombre comme mémoire des quantités et d'introduire l'écrit. Il permet donc d'apprendre à dénombrer, à écrire et à lire les nombres, à utiliser l'outil bande numérique.
Dans un second temps, il permet la compréhension du système de numération (système décimal de numération), c'est-à-dire d'appréhender l'ensemble des règles qui permettent d'écrire tous les nombres avec des symboles appelés chiffres.
Enfin, dans le cadre d'une autre fonction du nombre, il permet d'anticiper les résultats d'une action. Par le calcul, qui se distingue du simple comptage, l'enfant apprend à résoudre des problèmes liés à la modification d'une quantité. L'acquisition de ces diverses compétences est liée à l'extension du champ numérique.

Déroulement

En Grande Section, l'enseignant introduit ce jeu vers la fin du mois d'octobre, après avoir proposé les activités concernant les nombres visualisables. À ce moment de l'année, à peu près tous les enfants connaissent la comptine jusqu'à 10 et savent reconnaître, dénombrer et représenter les constellations jusqu'à 6. La suite ordonnée des constellations est affichée dans la classe et chaque enfant dispose d'une première bande numérique qui va jusqu'à 10.

Le déroulement du jeu sera le même tout au long de l'année. L'enseignant donne des jetons à chaque élève qui les range dans une boîte. La fois suivante, sans enlever les jetons de la boîte, mais en lisant le papier où il a écrit ce nombre, l'élève devra dire combien il en a. La vérification est faite par le groupe. Si l'enfant a juste, l'enseignant lui rajoute des jetons, sinon il lui en enlève.

Remarque
La règle du jeu permet à l'élève de travailler dans sa zone d'apprentissage, puisque, quand il y a erreur, l'enseignant enlève quelques jetons.

Les savoirs en jeu sont :
– savoir garder en mémoire le nombre de jetons dénombrés;
– savoir appliquer une procédure complexe pour écrire ce nombre : pointer les cases de la bande numérique en récitant la comptine des nombres et savoir s'arrêter au nombre visé;
– isoler ce nombre, le repérer, le garder en mémoire pour le lire ou pour l'écrire;
– dissocier son but (écrire un nombre) des moyens (procédures et outils utilisés);
– différer la réponse dans le temps (apprendre à renoncer à l'immédiateté, apprendre le temps et la durée);
– savoir ordonner et coordonner ses actions dans le temps.

Remarques
• Un élève peut avoir seulement 14 jetons dans sa boîte (c'est-à-dire savoir dénombrer seul jusqu'à cette quantité), mais être capable en groupe de vérifier sans commettre d'erreur une collection de 29 jetons. C'est la différence entre ce qu'il est capable de faire en autonomie et en situation d'étayage par le groupe qui définit sa zone d'apprentissage.
• C'est la rapidité avec laquelle l'élève effectue les diverses procédures qui lui permet de dénombrer des collections de plus en plus importantes.
• L'extension de la comptine numérique délimite aussi sa capacité à dénombrer : plus on sait réciter loin, plus on sait dénombrer loin, mais la comptine précède toujours, et de loin, le dénombrement.

On peut considérer trois niveaux de compétences, d'apprentissage :
– le premier niveau permet de dénombrer les petites quantités comprises entre 1 et 10 et de maîtriser les techniques du dénombrement;
– le deuxième niveau permet de dénombrer des quantités comprises entre 10 et 20 et permet à l'enfant d'apprendre à maîtriser l'usage de la bande numérique;
– le troisième niveau, enfin, permet de dénombrer des quantités supérieures à 30 : cette extension du champ numérique va nécessiter et permettre la construction du système de numération.

46

Découvrir, comprendre et utiliser le système de numération décimale dans le cadre des grands nombres

La pratique du code écrit

C'est la pratique du code écrit qui permet l'apprentissage de la numération. C'est l'usage de nombres relativement importants, supérieurs à 20 et bien au-delà, qui permet l'observation et l'appropriation des principes du système de numération.

L'idée de système est déjà sous-jacente quand un élève énonce les mots de nombres de la comptine en disant : « vingt-huit, vingt-neuf, vingt-dix », ou quand un élève remarque que : « 12 et 21, ça s'écrit pareil, mais à l'envers. Mais ce n'est pas la même chose », ou encore lorsqu'un élève, pour trouver l'écriture de 28, part de 20 sur la bande numérique.

Pour que les élèves rentrent dans l'apprentissage de la numération, ils doivent commencer à s'approprier le principe algorithmique des écritures, le principe de numération de position et le principe de groupement par paquets de dix (base dix).

Le principe algorithmique

L'enfant a déjà remarqué la présence de régularités en récitant la comptine numérique, mais l'oral comporte de nombreuses irrégularités qui ne facilitent guère cette prise de conscience, notamment de 11 jusqu'à 16. La régularité du principe algorithmique n'est lisible qu'à l'écrit : lorsque l'on a utilisé tous les chiffres, on crée une écriture à deux chiffres. Les écritures de nombres sont engendrées selon le principe du compteur.

Le principe de position

Un chiffre n'a pas la même valeur selon la position qu'il occupe dans l'écriture du nombre. La valeur du chiffre 2 n'est pas la même dans 29 où il vaut vingt, dans 2000 où il vaut deux mille et dans 2 où il vaut deux, tout simplement. Le choix d'une numération de position est à l'origine conventionnelle, mais la compréhension de cette convention donne du sens à l'importance de l'ordre des chiffres dans l'écriture d'un nombre.

Le regroupement des objets par paquets de dix

Pour dénombrer les grandes quantités, il est nécessaire de les organiser. L'organisation par paquets de dix est conventionnelle, mais correspond au nombre de doigts des deux mains. Cette convention sociale ne peut pas être inventée par les élèves : c'est donc à l'enseignant de la proposer.

Comment l'enfant découvre-t-il, comprend-il et utilise-t-il le système de numération ?

À la maternelle, l'organisation des collections par paquets de dix objets ne trouve sa signification que lorsqu'elle permet de surmonter des difficultés éprouvées. Quand l'élève doit compter une collection inférieure à 30 objets, il dénombre selon la procédure habituelle ; quand il est dérangé dans sa procédure ou qu'il a un doute, il recommence. Le principe du dénombrement est alors suffisamment stabilisé, donc sûr, efficace et rapide, pour que sa réitération ne soit pas perçue comme fastidieuse.
En revanche, avec des collections plus grandes, on augmente à la fois la durée de la tâche et le risque de perturbation et d'erreurs. Alors la nécessité d'une autre stratégie s'impose. L'enseignant introduit l'idée de faire des paquets de dix objets. Les enfants s'approprient très vite cette idée d'organisation des objets de la collection, car ordonner dans l'espace une quantité chaotique et multiple est sécurisant. Mais ce n'est pas parce qu'ils vont être capables de former des paquets de dix qu'ils vont utiliser le principe.

Pour dénombrer la collection proposée ci-dessous, et après l'avoir organisée en paquets de dix, ils recomptent tout, en partant de 1 et en pointant chaque jeton. Mais, en cas de doute, il est plus facile de recompter une quantité organisée que dispersée aléatoirement. L'organisation par paquets de dix est donc bien une réponse à une difficulté rencontrée.

Le rôle de l'enseignant est alors de valider le dénombrement en utilisant une autre procédure plus experte. Il va recompter de dix en dix en pointant les paquets : « 10, 20, 30, 31, 32, 33, 34. Oui, il y a 34 jetons. » Il attire l'attention des enfants sur le fait que 34, c'est 3 paquets de dix et 4 jetons tout seuls, comme le montre la collection organisée de jetons. Il fera aussi remarquer que l'écriture du nombre montre aussi la même chose : le 3 de 34 code les trois paquets de dix et le 4, les quatre jetons isolés.

L'attention de l'élève est attirée cette fois sur le nombre dont l'écriture est signifiante. Le nombre n'est plus seulement outil, il est aussi objet porteur de sens, qui peut être observé, étudié pour lui-même.

Remarque
Les élèves mettent beaucoup de temps à utiliser cette procédure pour dénombrer une collection. En revanche, ils l'utilisent très vite pour prédire la configuration en paquets de dix à partir de l'écriture du nombre. Par exemple, un élève dit qu'il a quarante-deux jetons : à partir de la lecture de l'écriture du nombre 42, ou même de la connaissance mémorisée de cette écriture, l'élève annonce qu'il va pouvoir faire 4 paquets de dix et qu'il restera 2 jetons.

Tout le sens de l'organisation en paquets de dix n'est pas donné d'emblée. Ce travail expérimenté de nombreuses fois montre que les élèves révèlent d'abord leur capacité à lire des informations dans l'écriture chiffrée des nombres, qu'ils apprennent ensuite à coder une quantité à partir de son organisation en paquets de dix et que ce n'est que bien plus tard qu'ils utilisent les groupements en paquets de dix pour dénombrer une collection.

La compréhension de l'utilité d'effectuer des groupements de dix jetons ne peut se faire qu'en manipulant des collections importantes (c'est, entre autres, une aide précieuse pour mener à bien l'énumération des objets). Quand l'élève manipule des petites collections, le dénombrement de l'ensemble des jetons un à un est une procédure efficace et pertinente.

Quelle est alors la pertinence de l'introduction au CP du principe de la dizaine dès que l'on aborde les nombres 10, 11, 12... ? On donne dans ce cas à l'élève un savoir savant qui ne permet pas de résoudre un problème. On lui donne donc un savoir décontextualisé, non fonctionnel et prématuré, dans la mesure où il semble que, pour ces nombres compris entre 10 et 17, la désignation orale porte toujours la mémoire de l'hésitation des hommes dans la mise en correspondance entre le code oral et le code écrit selon le même principe de numération.

47

Le jeu des nombres cachés

Ce jeu permet de renforcer la compréhension de l'organisation algorithmique de la suite des écritures de nombres.

Organisation : en grand groupe

Matériel :

– un tableau avec les nombres écrits comme ci-dessous ;
– des cartes de la même taille que les cases du tableau ;
– des aimants ou de la pâte adhésive (de type Patafix).

Règle du jeu

Au mur est affiché un tableau des nombres de 1 à 29 :

	1	2	3	4	5	6	7	8	9
10	11	12		14	15	16	17	18	19
20	21	22	23	24	25	26	27	28	29

L'enseignant cache les nombres à l'aide de cartons tenus par des aimants ou de la pâte adhésive. Il peut laisser le 1 découvert. Puis il demande à un élève de découvrir le nombre qu'il annonce.
Ce jeu permet à chaque élève d'occuper des rôles différents : soit il agit et doit soulever le bon carton – il est alors validé par ses pairs –, soit il valide l'action de ses camarades.
L'enseignant peut choisir les nombres à découvrir en fonction des capacités de chacun.

Plusieurs types de procédures coexistent :
– repartir de 1 et « compter » en pointant chaque emplacement jusqu'au nombre cherché (certains élèves commettent l'erreur de ne compter que les cartons et pas les nombres découverts) ;
– si 15 est découvert et que l'élève cherche 25, il part de 15 et descend d'une case ;
– pour découvrir 16, un élève peut partir de 10 ;
– des élèves peuvent savoir que 9, 19 et 29 se situent en fin de lignes, etc.

48
Le cahier d'écriture

Nous conseillons à l'enseignant de donner un cahier d'écriture à chaque élève, qui peut l'utiliser à l'accueil ou dans ses moments libres, s'il le désire. La seule règle est d'écrire : écrire ce que l'on veut et comme on peut. En début d'année, il y a deux tables bien identifiées : l'une où l'on va dessiner, l'autre, avec les cahiers et les référentiels (les prénoms, les imagiers, les abécédaires, les textes de la classe comme les comptines, l'alphabet), où l'on va écrire.

Ce cahier est introduit d'abord parce qu'il correspond à un désir réel de l'enfant, mais aussi parce que, par ce travail de copie, l'enfant apprend à écrire, à connaître les lettres, à mémoriser la graphie de certains mots et pratique également l'écriture inventée – et ce en dehors de toute situation d'apprentissage. L'enseignant accompagne l'enfant dans son travail d'appropriation de l'écrit, selon la formule « magique » de Mireille Brigaudiot : **valoriser, interpréter et produire l'écart**.

Spontanément, les enfants écrivent aussi des chiffres, puisqu'ils disposent de référentiels dans les affichages de la classe. Quand les écritures additives sont introduites, elles sont reprises à leur tour dans les cahiers. Progressivement, les enfants construisent le sens de cet écrit dans son organisation formelle et se consacrent à la résolution des écritures. Ils se posent des problèmes par l'écriture et se servent de la bande numérique pour les solutionner. Ce cahier leur permet de réinvestir ce qu'ils savent des nombres et de l'appliquer avec la présence d'un adulte qui met alors en œuvre un étayage plus individualisé, qui permet à chaque enfant de se situer dans sa zone d'apprentissage.

Il va sans dire que l'écart au niveau des connaissances est grand en fin d'année parce que certains élèves vont très loin. Mais ce n'est pas un écart qui accable et creuse les inégalités ; au contraire, les élèves ont tous appris à apprendre ensemble, à construire ensemble leurs savoirs dans une interaction féconde étayée par un adulte bienveillant. L'hétérogénéité est une richesse quand elle permet aux plus faibles d'élargir leur préoccupation et leur représentation. Au début, certes, ils sont plus spectateurs qu'acteurs, mais ce sont des spectateurs actifs qui deviendront tous des acteurs. Les plus avancés expliquent aux autres comment ils font : le savoir n'est plus un apanage, un don, la marque des meilleurs, il devient ce que l'on acquiert collectivement et ce que l'on dévoile aux autres pour le partager et vivre ensemble le plaisir de la découverte. Les élèves apprennent à se connaître en tant qu'apprenant et aussi à connaître les autres. Cette connaissance fonde la tolérance et le respect de l'autre.

PROPOSITION DE PROGRAMMATION DES ACTIVITÉS MATHÉMATIQUES (MOYENNE SECTION/GRANDE SECTION)

De la rentrée à la Toussaint (9 semaines)	*Les formes* • Différencier et classer des objets selon leur forme • Reconnaître, classer et nommer des formes simples (carré, rond, triangle) • Reproduire un assemblage d'objets de formes simples à partir d'un modèle *La structuration de l'espace* Décrire des positions, des déplacements par rapport à des repères stables *La logique* Connaître, comparer, trier les objets *Les quantités et les nombres* Reconnaître globalement et exprimer des petites quantités *Les grandeurs* Comparer, classer et ranger des objets selon leur contenance
De la Toussaint à Noël (7 semaines)	*La logique* Connaître, comparer et trier les objets (tableaux à double entrée) *La structuration de l'espace* Repérer des cases et des nœuds sur un quadrillage *Les quantités et les nombres* • Dénombrer une quantité en utilisant la suite orale des nombres connus • Associer le nom des nombres connus avec leur écriture chiffrée en utilisant la bande numérique

De Noël aux vacances de février (7 semaines)	*La logique* Ordonner des objets *La structuration de l'espace* Coder des cases et des nœuds sur un quadrillage *Les grandeurs* Comparer, classer et ranger des objets selon leur taille
Des vacances de février à Pâques (8 semaines)	*Les quantités et les nombres* Comparer des quantités *La structuration de l'espace* • Suivre un parcours décrit oralement • Décrire ou représenter un parcours simple *Les grandeurs* Comparer, classer et ranger des objets selon leur masse
De Pâques à la fin de l'année (9 semaines)	*Les quantités et les nombres* • Réaliser une collection qui comporte les mêmes quantités d'éléments qu'une autre • Résoudre des problèmes portant sur les quantités sans recourir aux opérations • Associer le nom des nombres connus avec leur écriture chiffrée *La structuration du temps* Comparer des événements selon leur durée *La structuration de l'espace* Fin du programme

<table>
<tr><td rowspan="4">Tout au long de l'année</td><td colspan="2">Connaître la comptine numérique</td></tr>
<tr><td colspan="2">• Lire les nombres en se référant à la bande numérique
• Écrire les nombres en se référant à la bande numérique
• Savoir utiliser une bande numérique
• Dénombrer des quantités</td></tr>
<tr><td>Les activités rituelles du matin</td><td>Les jeux mathématiques (hebdomadaires, puis à l'accueil en autonomie)</td></tr>
<tr><td>L'accueil
• Donner un cahier que l'élève utilisera à son gré pour écrire
• Donner des référentiels (bande numérique, livres à compter, jetons de loto, dés, cartes...)</td><td>Reconnaître et nommer des constellations
• Jeu de cartes
• Jeu de dominos
Dénombrer des quantités
Jeu du damier</td></tr>
</table>

Tout au long de l'année	*L'appel* • Trouver le nombre d'élèves présents et absents : – par dénombrement ; – par calcul • Écrire le nombre d'enfants • Utiliser des tableaux à double entrée • Utiliser les écrits mathématiques additifs et soustractifs pour coder les calculs effectués *La date* Écrire la date en référence aux calendriers, aux écrits de la veille... *Récitation de la comptine numérique* • Apprendre les comptines numériques traditionnelles • Lire des livres à compter • Réciter la comptine en introduisant de plus en plus de contraintes *Écrire* Écrire les nombres, des séries de nombres pour prendre conscience du principe algorithmique et du principe de position, et susciter l'intérêt, le questionnement, l'émerveillement devant le nombre	*Se déplacer sur un axe orienté* • Jeu de la course au but • Jcu des petits chevaux *Ordonner les nombres* • Jeu de la bataille • Jeu de la roue • Jeu du défi • Jeu du nombre mystérieux *Résoudre des additions* • Jeu du damier avec 2 dés • Jeu de l'oie *Décomposer un nombre* • Jeu du serpent • Jeu de la maison *Maîtriser le principe algorithmique* Jeu de la course à 100 *Maîtriser le dénombrement, la lecture et l'écriture d'une quantité* Jeu du trésor *Savoir lire les nombres* Jeu du loto *Utiliser les nombres pour définir une case* Jeu de la bataille navale

Seconde partie

LES CONDITIONS DES APPRENTISSAGES NUMÉRIQUES À LA MATERNELLE

PRÉSENTATION

Les pratiques pédagogiques sont toujours premières, mais elles resteraient aveugles sans éclairages théoriques. Une seule théorie serait trop totalisante pour rendre compte de la richesse des pratiques et pour proposer des stratégies d'apprentissage. Il faut donc éclairer les pratiques par des approches multiples.

Les éclairages théoriques proposés dans cette partie sont issus de l'analyse de très nombreuses pratiques mises en regard avec les résultats d'abondantes recherches dans différents champs scientifiques : didactique des mathématiques, épistémologie des mathématiques, psychologie cognitive, théories des apprentissages, sémiotique, sciences de l'éducation et de la formation.

Ils ont une double visée : permettre à l'enseignant de maternelle d'analyser ces pratiques dans le cadre des apprentissages numériques et l'aider à les améliorer et à les adapter à la fois aux finalités que s'assigne la société au travers de l'école, mais aussi en fonction de sa personnalité et des conditions particulières dans lesquelles il exerce.

Ces éclairages théoriques ne peuvent prendre sens qu'à partir d'une mise en œuvre concrète de situations d'apprentissages numériques. La première partie de ce livre propose une trame d'apprentissages numériques. En mettant en œuvre des situations d'apprentissages numériques qui s'en inspirent et en analysant les effets de son action, l'enseignant trouvera sans nul doute matière à amender, par son analyse personnelle, les éclairages fournis ici. C'est en tout cas le souhait des auteurs de cet ouvrage.

49

Les nombres entiers naturels : aspect ordinal et aspect cardinal

L'idée de nombre s'est développée à partir de nécessités sociales (mémorisation et comparaison de quantités, établissement d'une mesure de la quantité). Elle puise sa possibilité dans les capacités perceptives et cognitives de l'être humain qui lui permettent de reconnaître des entités « discrètes » délimitées par des contours apparents, les « objets concrets » (animés ou inanimés). L'être humain est capable d'une autre abstraction : celle d'imaginer des associations d'objets, des collections.

Dans le cadre de la science mathématique, la **théorie des ensembles** fonde les notions d'élément et d'ensemble sur ces *a priori* non mathématiques. L'idée d'élément généralise celle d'objet et l'idée d'ensemble celle d'association d'objets. Mais la nature du nombre n'est pas uniquement perceptive : sa découverte/construction est indissociable d'actions exercées sur les collections et leurs éléments.

Deux mouvements de pensée à l'origine de l'idée de nombre

La valeur ordinale du nombre

L'idée ordinale du nombre naît de la nécessité de **signifier et de mémoriser un ordre d'apparition** d'individus, d'animaux, d'objets, et de retenir leur place dans une suite ordonnée. Dans ce cas, chaque individu ou chaque objet est considéré comme différent : chaque mot-nombre désigne un objet et a un statut de numéro. Certaines peuplades primitives disposaient de mots pour nommer le premier garçon de la famille, le deuxième garçon..., la première fille, la deuxième fille...

Le langage oral est une voie d'accès au nombre et l'invention d'une suite de mots de nombres est donc capitale. Une des origines du « compte » est vraisemblablement rituelle : sa récitation dans un ordre immuable devait être centrale dans l'exécution de certaines cérémonies religieuses. Les premières numérations orales des peuplades primitives (fondées souvent sur le principe de la répétition de quelques mots) ont laissé place progressivement à des systèmes de numérations écrites qui s'oralisent dans une langue. C'est le cas bien sûr du système de numération décimale de position, dont l'invention du principe est à attribuer aux Hindous, et de la graphie, inventée par les Arabes.

Aujourd'hui encore, l'enfant vit certainement l'apprentissage de la comptine numérique comme une sorte de rite initiatique le faisant accéder au savoir des adultes : les mots de nombres s'égrènent selon un ordre établi et, après chaque mot, il y en a un autre; la suite ne s'arrête jamais. C'est en voulant connaître le nombre qui vient après que l'enfant découvre progressivement l'organisation algorithmique de la numération orale : à l'intérieur de la suite numérique, il y a des sous-suites qui se répètent (1, 2, 3, 4, etc.).

Les axiomes du mathématicien Giuseppe Peano (1858-1932) donnent une définition intuitive des nombres entiers fondée sur leur caractère ordinal :
1. 0 est un nombre.
2. Tout nombre a un successeur qui est également un nombre.
3. Deux nombres n'ont jamais le même successeur (ou alors les nombres sont égaux).
4. Le successeur d'un nombre ne peut être 0.
5. Si une classe contient 0 et un nombre quelconque n, et si le successeur de n en fait également partie, cette classe contient tous les nombres (principe d'induction complète).

Le nombre zéro pose longtemps problème aux élèves dans le cadre des activités numériques. L'idée du zéro comme nombre n'est pas évidente. Historiquement, elle n'apparaît vraiment que pour fonder les systèmes de numération de position. Pour l'enfant, zéro marque tout d'abord l'absence : s'il n'y a pas d'enfant absent, il y en a zéro. Mais zéro n'est pas considéré avec facilité comme un entier naturel à part entière. L'apparition du nombre zéro dans la suite ordinale est tout d'abord culturelle, notamment dans la comptine inversée : « cinq, quatre, trois, deux, un, zéro ». Mais, si l'on dénombre une collection en commençant par zéro, on obtient un objet de moins. Zéro n'intervient donc pas dans le dénombrement. Il n'est pas souhaitable de faire apparaître « 0 » (l'écriture du nombre zéro) sur une bande numérique, car il est difficile pour l'enfant d'imaginer que la première case n'a pas le même statut que les autres. Zéro trouve plus tard une autre signification, comme repère sur une droite numérique. Il devient un nombre central, à la fois positif et négatif.

Une autre manière, en relation avec la conception ordinale du nombre, a été utilisée par les premières civilisations humaines pour mémoriser les quantités : **l'attribution d'un nombre à certaines parties du corps** (doigts, orteils, bras gauche, bras droit, jambes, torse, etc.) qu'il s'agissait de parcourir toujours dans le même ordre. Plus on allait loin dans le parcours, plus la quantité était élevée. L'utilisation des doigts reste bien sûr un moyen de marquer de petites quantités, d'autant plus intéressant que le système de numération culturellement utilisé est décimal. Avant trois ans, de nombreux enfants utilisent leurs doigts pour représenter les premières quantités (deux et trois notamment). Mais, très vite, les doigts constituent également pour eux un premier moyen de calcul, c'est-à-dire d'anticipation d'un résultat. Pour ajouter deux à trois, on lève d'abord trois doigts, puis deux autres doigts : on obtient le résultat par surcomptage.

La valeur cardinale du nombre

Pour mémoriser une quantité, c'est tout d'abord l'idée de **correspondance terme à terme** qui s'est imposée. Dans ce cas, il s'agit de l'idée cardinale du nombre (la collection est considérée dans son tout). La reconnaissance immédiate d'une quantité *(subitizing)* n'est guère possible au-delà de six éléments. Pour retenir une quantité, les premières civilisations humaines ont donc utilisé des supports tels que l'os ou le bois sur lesquels les hommes inscrivaient des marques (de nombreux os numériques ont été retrouvés). C'est ici que naît l'idée du **« un » abstrait** : chaque animal faisant partie d'un troupeau est bien différent des autres, mais du point de vue de la quantité, il peut être considéré comme identique aux autres. Les éléments d'une collection se valent et chaque animal peut être représenté par un même symbole (un trait, une croix, un rond). L'idée cardinale correspond à celle d'équivalence entre des quantités.

Pendant la période des mathématiques dites modernes, de nombreux pédagogues ont préconisé l'utilisation de matériel « abstrait ». L'utilisation de collections de jetons identiques ou de cubes emboîtables pour exercer des activités numériques favorise en effet l'idée de nombre abstrait. Trois jetons correspondent plus facilement à l'idée de trois « quelque chose », contrairement à trois fleurs, trois filles ou trois garçons dont les significations se rattachent à des collections concrètes différentes. Concevoir des situations d'apprentissage avec un tel matériel est en effet souhaitable si l'on veut écarter les effets parasites inhérents à des milieux matériels complexes.

C'est la fusion des deux conceptions ordinale et cardinale du nombre qui crée l'idée plus abstraite de **nombre entier**. Platon avait déjà remarqué que « cinq » sert à désigner non seulement les cinq doigts d'une main, mais aussi le cinquième doigt (l'auriculaire). Pour connaître la quotité d'une quantité (combien il y en a), il faut dénombrer tous les éléments de cette quantité et utiliser la suite ordinale des nombres. Platon n'avait toutefois pas souligné que l'ordre de comptage des doigts est indifférent pour obtenir le nombre total de doigts (le cinquième doigt compté peut être n'importe quel doigt).

L'aspect cardinal des entiers naturels

Deux ensembles d'objets discrets ont le même nombre d'éléments lorsque l'on peut établir une correspondance terme à terme entre les éléments des deux ensembles : tout élément du premier ensemble est relié à un élément et un seul du second ensemble, et tout élément du second ensemble est également relié à un élément et un seul du premier ensemble. Les éléments des deux collections sont reliés par une **bijection** et ces dernières sont dites équipotentes. Les ensembles équipotents entre eux appartiennent à une même classe d'équivalence : ils ont le même cardinal. **Chaque classe d'équivalence est représentée par un nombre entier.** Si l'on établit une correspondance terme à terme entre les éléments de deux ensembles et qu'un, au moins, des éléments d'un des ensembles n'a pas son correspondant dans le second, le cardinal du premier ensemble est supérieur au cardinal du second. On peut donc comparer des ensembles sans dénombrer (pour de petites collections bien sûr !). La mise en correspondance des objets de deux collections est une des premières procédures à la disposition des jeunes élèves pour les comparer. Elle s'étend par la suite à la correspondance paquet par paquet.

Pour distinguer les différentes classes d'équivalence, il convient de leur attribuer un nom de nombre différent. L'ensemble de ces classes étant infini, un système de désignation des nombres entiers naturels doit utiliser un nombre fini de mots et de symboles afin de limiter l'exercice de la mémoire. Le système de numération décimale de position répond à cette exigence (dix symboles). Il permet en outre de faciliter l'activité calculatoire.

Apprendre à distinguer les collections est un des premiers apprentissages numériques à mettre en œuvre pour les élèves de l'école maternelle. Chez les très jeunes enfants, il n'y a pas de reconnaissance immédiate globale spontanée au-delà de deux éléments. Distinguer une collection ayant deux objets d'une collection ayant trois objets est donc un effet de l'apprentissage accéléré par l'existence culturelle des mots de nombres. Certaines peuplades primitives ne disposaient que de trois mots pour distinguer les quantités : « un », « deux » et « plusieurs ». Reconnaître globalement une quantité, même très petite, nécessite donc un apprentissage :
– admettre que l'on puisse attribuer un nom de nombre à une collection d'objets quelconques (certains enfants peuvent refuser le statut d'éléments à certains objets, par exemple s'ils sont volumineux) ;
– catégoriser les collections en les différenciant : deux est différent de un, car il catégorise une paire d'éléments (un objet en présence d'un autre objet) ; trois est différent de deux (il y a un élément associé à une paire

d'éléments) ; quatre catégorise, par exemple, une double paire d'éléments ; etc.

Le *subitizing* (reconnaissance quasi immédiate de petites quantités) est donc un effet de l'apprentissage.

Les constellations (configurations culturelles figurant sur les faces de dés, sur les cartes) constituent des supports qui permettent de faire apparaître plus rapidement aux enfants des différences entre des collections de un, deux, trois, quatre, cinq et six éléments.

L'aspect ordinal des entiers naturels

L'aspect ordinal est déterminé par la **notion de successivité**. La récitation de la comptine des nombres fait apparaître les mots dans un ordre immuable : chaque mot a son successeur. Lorsque l'élève récite les premiers mots de la comptine (un, deux, trois, quatre) en dehors de toute action de dénombrement, il met en œuvre une suite de mots ordonnés. « Un » est le premier mot, « deux » est le deuxième mot, « trois » est le troisième mot, etc. Ils ont le statut de numéros. Puis, en dénombrant les éléments d'une collection, il met en correspondance terme à terme les objets de la collection et les mots de la comptine. En attribuant à la collection le dernier mot prononcé, l'élève n'imagine pas dans un premier temps qu'il a utilisé le même nombre de mots qu'il y a d'éléments dans la collection. Mais la cohérence de ses actions de dénombrement sur des collections auxquelles il attribuera le même mot et les activités de mise en correspondance terme à terme sur ces collections lui permettront d'établir implicitement la relation entre les deux caractères ordinal et cardinal. Les mots de la comptine des nombres jouent le rôle de **collection de référence**.

La mise en relation des deux aspects

Les apprentissages numériques nécessitent donc la mise en œuvre de situations favorisant la mise en évidence des deux aspects du nombre (ordinal et cardinal). Par exemple, dans le cadre de la comparaison de deux collections, il est possible soit de mettre leurs éléments en correspondance terme à terme, soit de les dénombrer et de replacer les noms de nombres obtenus dans la suite orale (un nombre est plus grand qu'un autre s'il vient après dans la comptine numérique). Lorsque l'élève comprend que plus on avance dans la comptine, plus la quantité croît, il établit un lien entre les deux aspects ordinal et cardinal. Comprendre que le nombre qui suit s'obtient en ajoutant « un » est en général plus tardif (en Grande Section, voire au CP).

Les deux aspects du nombre sont plus particulièrement abordés dans le cadre des activités proposées pour exercer la compétence « comparer des quantités en utilisant des procédures non numériques ou numériques » (voir pp. 83-103).

50
Quantité et quotité

La notion de quantité est longtemps tributaire chez l'enfant de l'extension spatiale des collections, ainsi que de la taille des éléments. Elle se constitue dans la résolution de problèmes portant sur des questions du type : « Y en a-t-il plus, moins ou autant (la même chose de, la même chose pareil) ? » Progressivement, l'enfant passe de jugements qualitatifs portant sur une collection (beaucoup, pas beaucoup) à des jugements mettant en relation les collections (il y en a plus, moins, pareil).

Le psychologue Jean Piaget a montré que la construction de la notion de quantité nécessite la maîtrise de relations logiques. Il a distingué à cet égard la **quantité extensive** (relation des parties au tout d'une collection) et la **quantité intensive** (relation entre les parties d'un même tout). La maîtrise de ces relations logiques par l'enfant est souvent plus tardive que celle des premiers dénombrements de collections.

Obstacles liés au développement cognitif

La structuration intellectuelle des enfants s'opère selon des paliers hiérarchisés. Certains obstacles relèvent de l'incapacité dans laquelle se trouve l'enfant à coordonner de manière logique des significations. Si l'on écarte les jetons d'une collection, des enfants de quatre ou cinq ans peuvent porter le jugement qu'il y en a plus après qu'avant, même s'ils savent dénombrer les éléments de cette collection : « le six du bas est plus grand que le six du haut ». L'enfant ne maîtrise pas encore la **conservation de la quantité**.

Un autre exemple d'acquisition tardive d'une relation logique entre le tout et une de ses parties a été démontré par l'expérimentation de Piaget dans le cadre de « l'épreuve des marguerites et des fleurs ». Si l'on présente à un enfant de quatre ou cinq ans une collection de fleurs comportant beaucoup de marguerites et quelques violettes et qu'on lui pose la question : « Y a-t-il plus de marguerites ou plus de fleurs ? », l'enfant pourra répondre qu'il y a plus de fleurs car les violettes sont aussi des fleurs. Mais si l'on propose de rajouter des marguerites, on peut obtenir la réponse suivante à la même question : « Si tu rajoutes des marguerites, alors il y aura plus de marguerites que de fleurs. » Dans ce cas, l'enfant n'imagine pas que si l'on augmente la partie, le tout augmente également et que la partie est toujours inférieure au tout.

Hiérarchies et décalages

La connaissance des limitations des capacités cognitives des élèves en fonction de leur niveau de développement est nécessaire à l'enseignant. Mais si le développement s'effectue selon des réorganisations hiérarchisées, **de nombreux décalages existent d'un individu à l'autre et selon les contextes sur lesquels opère la pensée**. Pierre Gréco, psychologue du développement cognitif, a montré par exemple que la réussite à l'épreuve de la conservation des quantités est globalement retardée si l'on remplace des jetons identiques par de petits cailloux irréguliers. Ces décalages constituent des obstacles que l'enseignant doit prendre en compte dans ses interventions. Il s'agit d'une donnée essentielle dans la programmation et dans la mise en œuvre des situations d'apprentissage. Il découle de cette donnée psychologique que l'évaluation d'une compétence n'a pas de sens si l'élève ne l'exerce que dans le cadre d'un même contexte. **Seule la notion de quotité (mesure des quantités discrètes) peut rendre objective la notion de quantité. C'est en déterminant combien il y en a et en se donnant un système symbolique de référence (la suite des mots des nombres, puis la suite de leurs écritures) pour comparer les nombres que l'enfant se détache progressivement de ces jugements perceptifs et uniquement qualitatifs.**

Pierre Gréco a montré que **l'amorce de la maîtrise de la notion de quotité accélère celle de la notion de quantité** (notamment la conservation des quantités). Mémoriser une quantité nécessite très rapidement le dénombrement de la collection et l'utilisation des mots de nombres, donc de faire appel à la quotité. Seules les configurations connues peuvent éventuellement être mémorisées sans le recours à cette notion. Pour comparer objectivement deux quantités, il est en général nécessaire d'avoir également recours à la quotité, sauf lorsque la différence entre deux collections d'éléments identiques apparaît de manière flagrante (différence d'épaisseur entre deux tas de cartes, différence significative entre deux ensembles de jetons, etc.). Sauf dans le cas de configurations connues, déterminer la quotité nécessite donc d'énumérer et de dénombrer les éléments de la collection.

51

Les actes constitutifs de l'activité mathématique

Les objets mathématiques sont des produits de la pensée, mais ils ne se confondent pas avec les actes mentaux qui en sont à l'origine.

Comment les entiers naturels sont-ils produits ?

Pour les jeunes enfants, l'idée de nombre (en relation avec la notion de quotité) se fonde tout d'abord sur la cohérence des actes de dénombrement qu'ils exercent sur des collections d'entités discrètes pour savoir combien il y en a. Le fait de terminer des actions de dénombrement portant sur diverses collections par le même mot-nombre fait apparaître une cohérence entre toutes ces séries d'actes mentaux et d'actions.

L'apport culturel de la comptine des mots de nombres est déterminant dans les apprentissages numériques. « Un, deux, trois, quatre, cinq, c'est cinq. » L'enfant met en œuvre un programme « pour compter », un ensemble de procédures et de règles portant sur les éléments des collections : il agit. Mais le résultat de son action est un objet idéal, non visible, révélé par un mot-nombre.

Le fait qu'**un nombre ne se voit pas** constitue la difficulté principale que l'enfant doit surmonter dans ses premiers apprentissages numériques. La seule chose qui se voit et qui ne se déforme pas, c'est le **symbole**. « C'est le trois », dit l'enfant qui perçoit le chiffre 3, mais il lui faut rechercher ailleurs que dans le symbole la réalité du nombre, car l'objet ne se confond pas non plus avec lui, et la **confusion entre nombre et symbole** perdure souvent très tardivement. Une difficulté supplémentaire va se présenter au cours de l'apprentissage : le mot-nombre « trois » et le symbole « 3 » vont référer à des objets-nombres de différents niveaux, plus ou moins abstraits et correspondant à des niveaux d'actes mentaux différents et opérant sur des données perceptives de nature différente (collections concrètes, représentations iconiques plus ou moins schématiques, écritures des nombres dans le système de numération décimale de position).

Les actes mentaux liés aux actions de dénombrement

Les actes mentaux liés aux actions de dénombrement sont nombreux. Ils constituent un véritable ensemble de procédures, de règles, de programmes chargés de contrôler le traitement du donné perceptif que constitue la collection d'objets à dénombrer.

La saisie des unités de la collection, l'appréhension et la représentation à la fois de leur simultanéité et de leur successivité énumérative, l'unification spatiale par délimitation d'une frontière virtuelle sont autant d'actes mentaux que l'enfant doit progressivement maîtriser. Les actions de dénombrement doivent être contrôlées par un programme : associer chaque élément de la collection à un mot de la comptine des nombres, associer à la collection le dernier mot prononcé. La mise en œuvre des actions de dénombrement nécessite des connaissances et des capacités concernant :
– la suite ordonnée et « immuable » des mots de la comptine qui doit être mémorisée ;
– l'énumération des éléments de la collection : il ne faut pas oublier un seul élément et ne compter aucun des éléments plus d'une fois ;
– l'indifférence de l'ordre suivant lequel on énumère les éléments de la collection.

Elles nécessitent, enfin, la mise en œuvre d'actes mentaux de contrôle des actions concernant :
– la coordination du pointage des éléments et de la prononciation des mots de la comptine ;
– la procédure d'énumération des éléments de la collection.

Un nombre est donc un corrélat produit par une synthèse particulière de cet ensemble d'actes mentaux.

L'existence des symboles de nombres, véritable cadeau que la société (la famille, l'école, etc.) fait à l'enfant, vient renforcer la prégnance de la réalité des objets nombres. En représentant par le chiffre « 3 » toutes les collections dont les actions de dénombrement se terminent par la prononciation du mot « trois », l'enfant accélère sa prise de conscience de la cohérence particulière des actes mentaux et des actions exercées sur les éléments de ces collections : les mots de nombres et leurs écritures chiffrées associées catégorisent les collections selon le critère du nombre de leurs éléments (« Il y a pareil », « Il y a la même chose pareil », disent les enfants).

Des significations constitutives du nombre concret aux structures de sens constitutives de nombres plus idéaux

Lorsque l'enfant de trois ou quatre ans dénombre trois fleurs, « trois » désigne un nombre très concret attaché à une collection particulière de fleurs (on peut parler de concept psychologique puisqu'il rend compte d'une cohérence d'actions physiques et mentales intuitives et élémentaires). Les concepts psychologiques sont issus directement de l'expérience et abstraits des composantes réelles des actes mentaux (concepts de multiplicité, de colligation, etc.). Puis le fait d'associer à des collections différentes (de fleurs, d'enfants, de bonbons, etc.) le même nombre « trois » (même mot de nombre et même symbole « 3 ») donne à ce dernier un caractère plus abstrait : une cohérence d'actes mentaux exercés sur des collections d'entités discrètes quelconques ; on peut alors parler de concept catégorial. Par la suite, pris dans un système comportant des relations (plus petit que, plus grand que, égal) et des opérations liées aux actes concrets de réunion, d'ajout, de retrait portant sur des collections, de nouveaux objets nombres se dévoilent avec un statut encore plus riche. Par exemple, le nombre quatre sera conceptualisé, et donc perçu, à la fois comme le nombre qui suit le nombre trois dans la comptine numérique, mais aussi comme le nombre obtenu en ajoutant un à trois, fournissant ainsi deux critères pour affirmer que quatre est plus grand que trois. Enfin, lorsqu'au cycle 2 les actes mentaux porteront sur des symboles selon des règles arithmétiques conventionnelles de calcul (règles de transformation, de correspondance et d'inférence), et non plus sur des collections concrètes, un nouveau type d'objet nombre se constituera en relation avec des opérations plus abstraites (addition et soustraction sur les entiers naturels en particulier).

C'est cette cohérence des règles symboliques, quasiment normative et conventionnelle, qui fera apparaître un nouvel objet nombre issu d'un niveau supérieur d'abstraction. Les nombres ne seront plus pensés de manière isolée. Ils s'intégreront dans des structures plus larges qui rendront compte des relations entre un ensemble de nombres (les entiers naturels), des opérations sur cet ensemble, et des relations comme l'égalité (=) ou une relation d'ordre (<). L'objet nombre devient alors une **structure relationnelle** : une idéalité qui pourtant est bien réel.

Les objets nombres s'enrichissent donc progressivement et les différentes significations qui leur sont attachées s'intègrent dans des structures de sens de plus en plus cohérentes. Le symbole « 3 » ou le mot nombre « trois » ne réfèrent donc pas à un objet unique. Les mots de nombres et les désignations écrites de ces nombres constituent des interfaces permettant à la fois de passer d'un niveau d'abstraction à l'autre des objets, mais aussi de modéliser des niveaux de réalité différents.

Le nombre n'est donc pas une pure idéalité (au sens platonicien) existant de toute éternité, en dehors de la pensée humaine, c'est-à-dire d'un sujet constituant. Il n'existe pas en soi et n'est pas non plus le simple fruit d'une activité cognitive autonome. Les nombres entiers rendent compte des propriétés de certaines actions exercées sur des collections d'entités discrètes, dans le cadre de finalités particulières. Plus tard, les élèves seront confrontés à d'autres nombres : les nombres rationnels et les nombres réels qui rendront compte de l'appropriation d'un autre donné perceptif et modéliseront le continu à partir d'autres types d'actes (rapports rationnels et irrationnels entre des grandeurs continues).

Le nombre n'a donc pas, comme l'ont pensé certains philosophes et psychologues empiristes, des racines uniquement perceptives. Le psychologue Jean Piaget avait combattu fort justement ce point de vue en montrant que l'exercice d'une expérience logicomathématique initiale ne portait pas sur les objets physiques eux-mêmes, mais sur les actions exercées sur les objets. Le nombre était pour lui le résultat de la coordination d'actions. Mais l'attitude psychologisante qui consiste à confondre le nombre avec les opérations cognitives (Piaget avait lui-même tendance à assimiler structures intellectuelles et structures logiques mathématiques) ne permet pas non plus de comprendre la nature de cet objet mathématique idéal, mais objectif. La position du philosophe mathématicien Edmund Husserl qui définit un objet en lui attribuant une sorte de transcendance objective est plus adéquate.

La société et en particulier l'école fournissent à l'élève un monde mathématique déjà là qu'il doit interroger pour en comprendre aussi bien l'utilité que les fondements. L'enfant découvre le nombre autant qu'il le construit en exerçant son action aussi bien sur des collections concrètes qu'en s'appropriant et en questionnant le langage mathématique (oral mais aussi écrit) qui en rend compte. En fait, il découvre implicitement l'existence de nombres qui forment des cohérences à des niveaux d'abstraction différents. Les élèves achèvent la compréhension des nombres d'un niveau donné en s'appropriant les propriétés des nombres des niveaux d'abstraction supérieurs. La cohérence des actions de dénombrement exercées sur des collections concrètes apparaît lors de l'appropriation de règles d'action plus abstraites, portant en particulier sur le système oral de désignation des nombres, puis sur le système écrit de numération. Si les programmes soulignent que la première mise en relation des mots nombres avec leur image chiffrée peut être abordée essentiellement lors de situations de jeux (du type « jeu de l'oie »), ou lors de l'utilisation d'une bande numérique, mais sans que des connaissances soient déjà attendues à ce sujet pour tous les élèves, il n'en reste pas moins que ces derniers sont confrontés en permanence à ces écritures dont ils interrogent très tôt l'organisation. De plus, la mémorisation de la comptine numérique se stabilise en relation avec la compréhension de l'organisation de la suite écrite des nombres. Cette mise en relation permet aux enfants de s'approprier lentement les irrégularités de la suite orale à partir de la suite écrite qui n'en comporte pas. Si les nombres apparaissent comme des principes de cohérence d'actes exercés sur des collections, il est nécessaire de postuler que les élèves doivent tout d'abord s'approprier la maîtrise et les significations d'un ensemble d'actions dans différents contextes, avant d'en percevoir toute la cohérence, donc le sens. La compréhension est le résultat d'un long processus d'appropriation.

Pour envisager une stratégie d'apprentissage du nombre sur le long terme, il est donc indispensable de comprendre la nature des objets mathématiques : des cohérences d'actes mentaux agissant sur des types de données perceptifs plus ou moins concrets ou symboliques, c'est-à-dire des structures de sens objectives.

52

Énumérer, dénombrer, désigner

Dénombrer consiste à répondre à la question de la quotité, c'est-à-dire déterminer combien il y a d'objets dans une collection. Le principe consiste à mettre en correspondance terme à terme chaque élément de la collection avec la suite des mots de la comptine des nombres.

Dénombrer exige la mise en œuvre de nombreux savoirs, savoir-faire et connaissances. Au début des années 1980, deux chercheuses américaines (Gelman et Gallistel) ont montré que l'enfant doit maîtriser de nombreux principes dits de comptage :

1. Le principe d'adéquation unique : chaque mot de nombre énoncé doit correspondre à un objet et un seul de la collection. La mise en œuvre de ce savoir nécessite une coordination parfaite du geste et de la parole, ou du regard et de la parole. La maîtrise de ces coordinations exige un apprentissage.

2. Le principe d'ordre stable : les mots de nombres de la comptine doivent être énoncés toujours dans le même ordre. Il s'agit d'apprendre une suite conventionnelle de mots de nombres qui correspond d'abord à une pratique aveugle et devient vite un cadeau que la société fournit à l'enfant.

3. Le principe cardinal : c'est le dernier mot de nombre cité qui détermine le nombre d'objets de la collection et permet de répondre à la question de la quotité. Un enfant peut maîtriser la mise en œuvre du principe d'adéquation unique en utilisant la suite conventionnelle des mots de nombres et ne pas encore maîtriser le principe cardinal. Il peut énoncer : « Un, deux, trois, quatre, cinq, six, c'est douze. » Un autre enfant peut maîtriser ce principe cardinal tout en se trompant dans l'énoncé de la suite des mots de nombres : « Un, deux, quatre, six, c'est six. »

4. Le principe de non-pertinence de l'ordre : l'ordre dans lequel on dénombre les éléments de la collection ne modifie pas le résultat de la procédure. Des enfants peuvent ne pas s'étonner de deux résultats de dénombrement différents si les éléments de la collection n'ont pas été énumérés dans le même ordre.

5. Le principe d'abstraction : on peut dénombrer des entités discrètes quelles que soient leurs caractéristiques. L'enfant prend progressivement conscience que cinq fleurs, cinq garçons, cinq filles correspondent à un « cinq » plus abstrait.

Ces principes s'acquièrent dans le cadre de situations d'apprentissage et non de manière simultanée. Par exemple, un élève qui a compris les deux premiers principes et sait exécuter les actions qui leur correspondent peut ne pas avoir acquis le principe cardinal et dire : « Un, deux, trois, quatre, cinq, c'est douze. »

Énumérer les éléments d'une collection consiste à ne pas compter deux fois le même élément et à ne pas en oublier. Les difficultés concernant l'activité d'énumération sont variables en fonction des conditions du contexte : possibilités de déplacer les objets, d'agir sur le support papier en barrant, en numérotant, en entourant pour former des paquets... Dénombrer une collection plus importante implique de l'organiser (pour mener à bien l'énumération des éléments), notamment en réalisant des paquets de dix éléments (en relation avec le système de numération décimale). Les élèves de Grande Section de maternelle peuvent prendre conscience de cette nécessité dans le cadre de situations d'apprentissage adaptées.

Remarques
Toutes les connaissances que l'élève doit mettre en œuvre dans le cadre d'un dénombrement ne peuvent évidemment pas faire l'objet d'apprentissages. D'une part, le rôle de l'enseignant consiste à sélectionner les connaissances qui feront l'objet d'une appropriation contrôlée en relation avec des situations construites à cet effet : certaines permettront d'établir des savoirs et des savoir-faire. D'autre part, l'enseignant doit être attentif au fait que l'absence de maîtrise de connaissances non explicites peut faire obstacle. Il pourra éventuellement être amené à en faire des objets d'apprentissage. C'est le cas de l'énumération qui pourra être travaillée lors de situations au cours desquelles l'enfant prendra conscience qu'il faut s'organiser pour ne pas compter deux fois un élément et ne pas en oublier, mais pour les procédures d'énumération dépendant des différents contextes, il est impossible d'organiser un apprentissage exhaustif de savoir-faire.

Désigner le nombre d'éléments d'une collection nécessite l'apprentissage du système de numération décimale et de sa double organisation orale et écrite. Cet apprentissage débute dès l'école maternelle.

53

Nombre, langue et langage

L'activité mathématisante est indissociable de l'**appropriation d'un langage spécifique** fondé sur différents registres : la langue (à l'école maternelle, essentiellement la langue orale), des systèmes d'écritures purement mathématiques (les écritures de nombres dans le système de numération décimale, les symboles +, –, etc.), des représentations iconiques et schématiques (par exemple, des configurations de points, la bande numérique...).

De récentes recherches en psychologie cognitive ont montré que s'il existe chez le jeune enfant une capacité primitive précoce d'évaluation préverbale des quantités (avant l'âge de trois ans), ainsi qu'une certaine indépendance des habiletés numériques et du langage, cette indépendance n'est que relative, notamment pendant la période d'acquisition. Même l'appropriation des petites quantités s'effectue par le truchement d'un double système non verbal mais aussi verbal.

Très tôt, les enfants savent que les noms de nombres réfèrent à une quantité, mais tout d'abord sans savoir laquelle : les noms de nombres sont en effet présents dans de multiples pratiques sociales. La suite des mots de nombres est tout d'abord perçue par ses propriétés linguistiques : ordre des mots et appartenance à une classe fermée. Les récentes recherches en psychologie montrent l'impact de la connaissance de la chaîne verbale dans la reconnaissance d'ensembles hétérogènes. Les enfants qui « comptent » le plus loin sont ceux qui reconnaissent le mieux l'équivalence d'ensembles hétérogènes. La maîtrise de la compétence numérique centrale, celle de la cardinalité (catégorisation de collections par équivalence), nécessite effectivement un préalable : la maîtrise de la récitation de la comptine numérique, au moins pour les premiers nombres.

Il y a donc un impact fondamental de la langue sur la compréhension et la maîtrise de la cardinalité. La connaissance et l'utilisation d'un lexique spécifique sont déterminantes dans les activités qui permettent la découverte/construction du nombre.

Les noms de nombres sont utilisés dans les actes de dénombrement, désignent des quantités (l'association d'un nom de nombre à une configuration particulière d'objets accélère cette prise de conscience chez l'enfant) et permettent d'oraliser les écritures. L'écriture d'un nombre donne à ce dernier un statut d'objet, une existence.

L'apprentissage de la comptine numérique nécessite l'exercice d'une mémoire par contiguïté, le rappel du mot nombre suivant étant déclenché à partir de la prononciation du précédent. Cette mémorisation nécessite la répétition dans le cadre de situations ritualisées dont le but est également, pour les élèves, de se fixer un défi : connaître, toujours plus loin, le nombre qui vient après. Apprendre à donner le nombre qui suit à partir d'un nombre quelconque de la liste est également nécessaire pour que l'enfant ne soit pas obligé de repartir systématiquement du premier nombre. À cinq ans, il est en revanche plus difficile de trouver le nombre qui vient avant un nombre donné. Dans la langue française, la comptine des nombres ne révèle aucune régularité jusqu'à seize. Mais, à partir de dix-sept, la numération orale s'organise. Une suite de mots se répète (un, deux, trois, quatre, cinq, six, sept, huit, neuf) ; d'autres mots viennent s'intercaler et se composer avec les premiers (vingt, trente, quarante, cinquante, soixante, soixante-dix, quatre-vingts, quatre-vingt-dix). Dans un premier temps, les enfants ne remarquent pas nécessairement que, après seize, les noms de nombres sont composés de deux mots. Il est donc nécessaire de faire découvrir l'algorithme de la numération orale et d'en faire un objet de savoir. La compréhension de soixante-dix, quatre-vingts, quatre-vingt-dix n'est pas, par contre, un objectif au cycle 1 – même si certains élèves mémorisent déjà ces mots comme des maillons dans la chaîne verbale et peuvent parfois être capables de constituer des collections correspondant à ces nombres en formant des paquets de dix ou même de vingt jetons. C'est dans la relation entre cette chaîne verbale et la suite écrite des nombres que les élèves trouvent progressivement des points d'ancrage pour constituer un début de cohérence, donc de sens, du système de numération. Par exemple, les mots qui constituent des ruptures dans la chaîne verbale correspondent à des ruptures dans la suite des écritures : vingt, trente, quarante... correspondent aux écritures 20, 30, 40..., donc à un changement du premier chiffre. Dans les nombres écrits 21, 22, 23..., le chiffre 2 se lit vingt ; dans les nombres 31, 32, 33..., le chiffre 3 se lit trente. La référence à une bande numérique et la lecture de la date sur différents calendriers sont autant de situations qui permettent aux élèves d'établir ces correspondances. L'écriture a d'ailleurs plusieurs avantages sur l'oral : elle exige un contrôle plus conscient que la parole, elle ne s'efface pas et libère des limites très étroites d'appréhension auxquelles toute expression orale est soumise.

Au début de l'apprentissage, la difficulté provient davantage des décalages existant au sein même de la numération orale et entre les numérations orales et écrites. Les écritures 10, 11, 12, 13, 14, 15, 16, lues dix, onze, douze, treize, quatorze, quinze, seize, sont saisies globalement sans segmentation. C'est seulement à partir de 17, oralisé dix-sept, que les élèves peuvent commencer à questionner les écritures à deux chiffres. L'écriture 17 peut être saisie globalement ou de manière segmentée : dans 17 on entend dix et sept; le 1 de 17 veut dire dix. Une autre difficulté de l'apprentissage porte sur la double signification des écritures 10, 20, 30... : 10, c'est dix, mais c'est aussi un paquet de dix ou une dizaine; 20, c'est vingt, mais c'est aussi deux paquets de dix (puis deux dizaines)... De même, 27, c'est vingt-sept, mais c'est aussi deux paquets de dix et sept unités.

Dès la fin du cycle 1, dans le cadre d'activités de dénombrement de collections importantes (jusqu'à une soixantaine d'objets), l'enseignant peut proposer aux élèves de former des paquets de dix éléments (voir la situation du trésor, p. 113). Les élèves se rendent compte que les écritures des nombres sont organisées pour désigner le nombre de paquets de dix et le nombre d'unités. 24 représente, par exemple, 2 lignes de dix jetons et 4 jetons. L'écriture du nombre vingt-quatre prend alors une nouvelle signification par lecture segmentée des chiffres. Pour dénombrer les objets d'une collection, les élèves peuvent alors réinvestir cette connaissance en formant des paquets de dix objets (dix jetons dans le cadre du jeu du trésor), mais cette procédure n'est utilisée que si la procédure de dénombrement un à un devient complexe. Bien sûr, il ne s'agit que d'une amorce de l'apprentissage du système de numération décimale, mais qui permet de rendre cohérente la numération orale. Le code oral maintient la perception globale de la quantité, le code écrit est une interface qui permet le basculement de cette signification à celle de l'organisation en paquets de dix (dizaines) et unités.

Pour se développer, l'activité mathématique a besoin de s'appuyer sur des « ostensifs ». La création de symboles écrits est donc indissociable du mouvement d'élaboration des mathématiques. En ce qui concerne les apprentissages, la démarche est différente, car le symbolisme est déjà là et appartient à la culture. L'enseignant doit à la fois proposer des situations qui favorisent l'émergence des nombres en faisant agir les élèves sur des supports, mais aussi leur permettre de questionner l'organisation des systèmes symboliques écrits déjà présents. Outre les mots de nombres, la langue est évidemment très présente dans l'exercice des activités numériques. Il est toutefois difficile de catégoriser des discours spécifiques aux activités mathématiques dans une classe, car les conditions de l'énonciation dépendent de très nombreuses variables.

Les différentes discursivités cognitives

Dès le début de l'activité mathématisante, on peut repérer trois grands types de discursivités cognitives au fondement de la signification portée par la langue.

Une discursivité narrative

Elle prend en charge la modification de la relation entre un sujet et un objet. Le sujet agit pour modifier cette relation. La discursivité narrative permet d'en rendre compte par une structuration. Résoudre un problème consiste bien pour un sujet à modifier sa relation avec l'objet de la recherche, c'est-à-dire la solution et (ou) le résultat. Au départ disjoint de cette solution, le sujet se l'approprie à l'issue d'une véritable quête, comme dans un conte où le héros doit réussir des épreuves pour obtenir la main de la princesse ! Narrer une recherche consiste à signifier comment les obstacles ont pu être surmontés lors de l'appropriation de la solution.

Une discursivité descriptive

Elle permet d'associer aux objets (concrets, mais aussi idéaux) des prédicats : on dit des choses à propos de ces objets ou de ces actions.

Une discursivité argumentative

Elle permet d'organiser cognitivement les prédicats associés aux objets, par exemple en prédicats de même sens et en prédicats de sens contraires en vue d'une prise de décision.

Dans le cadre de petites séquences discursives, apprendre à décrire des objets et des actions, à fournir et à comprendre des arguments ainsi qu'à les organiser, à narrer sa recherche, constituent trois axes d'apprentissage que l'enseignant pourra favoriser lors d'activités diverses (et pas uniquement dans un contexte d'explication ou de validation). L'enseignant peut organiser le questionnement de l'ensemble des élèves et de chaque élève autour de ces trois fondements de la langue. Objectifs d'apprentissage à long terme, ces trois axes sont difficilement évaluables, mais pertinents pour guider l'action de l'enseignant.

Les discours

Tout discours s'inscrit dans le cadre d'une situation de communication, donc dans un contexte d'énonciation ici et maintenant, où les participants cherchent à signifier quelque chose à quelqu'un d'autre avec une visée. Il n'existe pas de discours narratif, descriptif ou argumentatif purs. **Il existe en revanche des genres scolaires de discours qui s'exercent dans le cadre du contrat didactique établi entre les élèves et l'enseignant. La**

pratique de l'explication et de la validation peut s'inscrire dans de tels genres. Elle doit être développée dans de nombreux contextes.

Rendre évidente aux autres sa propre conviction ou sa perception d'un « état de chose » nécessite à la fois de convaincre par une explication rationnelle fondée sur des arguments, mais aussi de persuader, c'est-à-dire de faire adhérer l'interlocuteur par des procédés de rhétorique (disposition des arguments, intonation, divers moyens implicites pour forcer l'adhésion). La distinction entre explication et preuve peut également être établie, même chez les élèves de l'école maternelle. La première vise à rendre intelligible l'évidence acquise d'une formulation, d'un résultat, l'argumentation avancée pouvant dans ce cas être contestée, discutée par les interlocuteurs. L'établissement d'une preuve nécessite une validation collective dans le cadre d'un système de validation commun aux élèves. En règle générale, toute validation fondée sur des arguments doit, à l'école maternelle, être doublée d'une validation fondée sur un fait observable dans le cadre du milieu matériel de la situation.

Les échanges discursifs entre élèves leur permettent de reprendre, de reformuler, de corriger, de déplacer, de contester les énoncés de leurs camarades. Le sens s'enrichit alors par transfert, restitution, déplacement, disparition, reformulation des significations des mots, des thèmes, des modes discursifs, grâce à différentes mises en perspective et mises en relation, différents découpages des niveaux de réalité. Le dialogue structure et élargit l'expérience de l'élève ; il constitue en même temps un travail d'investigation et d'appropriation de la langue elle-même. Mais, d'une part, il est difficile de structurer des apprentissages concernant les pratiques discursives, d'autre part, le discours des élèves peut vite « tourner en rond » et l'une des tâches les plus délicates de l'enseignant consiste à intervenir auprès d'eux pour réorienter ou stimuler leur pensée sans leur imposer une voie toute faite.

Deux fonctions de la langue orale sont très présentes dans le cadre des activités numériques :
– une **fonction d'écho** : on épelle ce que l'on écrit. Les écritures mathématiques ont leur correspondance orale, avec toutes les distorsions de significations que ces correspondances entraînent, car ces écritures ne sont pas de simples sténographies du langage parlé ;
– une **fonction de guidage** : on explique, on commente, on s'appuie sur l'oral pour contrôler l'exécution d'une action, d'une procédure.

Dans le cadre des apprentissages mathématiques, la langue intervient donc comme :
– outil de construction de connaissances mathématiques ;

– outil de communication dans des situations de communication (dire ce que l'on va faire, ce que l'on fait, ce que l'on a fait, désigner, décrire, évoquer avec et pour les autres);
– outil de coopération (faire avec les autres).

La langue permet la distance, la décentration, l'organisation de la pensée[1].

Les supports schématiques ou iconiques, certaines dispositions d'écritures permettent de mettre en relief quelques caractéristiques des objets que les élèves s'approprient :
– les configurations de un, de deux, de trois, de quatre, de cinq et de six points permettent de faire apparaître des distinctions entre les quantités;
– la disposition des nombres peut favoriser la compréhension de l'organisation du système de numération (voir ci-dessous);
– la bande numérique sert de support pour agir et anticiper des résultats (prévoir le résultat d'un déplacement et, par extension, le résultat d'une augmentation ou d'une diminution, etc.).

	1	2	3	4	5	6	7	8	9
10	11	12	13	14	15	16	17	18	19
20	21	22	23	24	25	26	27	28	29

1. Voir A. Pierrard, *Faire des mathématiques à l'école maternelle*, CRDP de l'académie de Grenoble, coll. « Projets pour l'école », 2003.

54

Des réseaux de signification aux structures de sens

Si les nombres sont des principes de cohérence d'actions exercées sur les collections d'entités discrètes, ainsi que sur les systèmes d'écriture chargés à la fois de représenter et de signifier, il est alors illusoire de penser qu'il suffirait de faire étudier aux élèves les nombres un par un, du plus petit au plus grand, pour faciliter les apprentissages numériques.

Il est également faux de penser que la construction du nombre nécessiterait une structuration intellectuelle préalable de type logique, comme de nombreux pédagogues l'avaient suggérée pendant plusieurs années (suite à des interprétations abusives des travaux du psychologue Jean Piaget dans le cadre de la pédagogie des mathématiques). Les apprentissages numériques aident à la structuration d'une logique de l'intelligence (notamment une logique des classements et des sériations) et, en retour, les apprentissages concernant la logique aident à la fermeture de réseaux de significations disparates établies lors des premières activités numériques.

Pour qu'il soit vivant, pour qu'il existe, un concept doit s'ancrer dans de multiples représentations mentales (contenus de la représentation), qui, elles-mêmes, s'appuient sur différents registres matériels de représentation (collections concrètes, symboles mathématiques, langue orale et écrite, dessins, schémas, tableaux, etc.) appelés registres sémiotiques. Pour qu'elles perdurent et soient opérationnelles, ces représentations mentales (cognitives) doivent se charger de multiples significations à la fois structurales et fonctionnelles en relation avec les contextes. Ces significations sont tout d'abord isolées, puis elles s'organisent en réseaux. La structuration de ces réseaux s'établit très progressivement. Lors de l'apprentissage, l'élève découvre et établit leur cohérence et leur efficacité dans les contextes pertinents. Conséquences de multiples mises en relation des significations lors de l'exercice de la pensée en situation, les structurations peuvent aussi s'établir par phénomène de maturation soudaine. Apprendre à établir les passages entre les différents contenus de la représentation, à appliquer des règles de correspondance, d'inférence et de transformation au sein d'un contenu ou entre contenus, à saisir des significations (significations immédiates) et à les relier (significations construites), à inférer des significations à partir d'autres significations (par glissement, par basculement, par analogie), n'obéit pas à la linéarité préétablie par la grande majorité des progressions proposées dans les manuels scolaires.

Les savoirs en jeu dans l'apprentissage portent sur la constitution de systèmes cognitifs de représentation et de traitement (fondés sur les différents registres sémiotiques) et sur les significations qu'ils autorisent dans l'interprétation de nombreuses situations dans lesquelles le savoir est en jeu. La maîtrise d'un savoir défini dans la culture scolaire passe par celle de multiples microsavoirs dont les élèves acquièrent la certitude par l'exercice de la pensée et l'observation des faits lors de situations d'apprentissage adaptées.

Le sens de la comptine numérique

Un, deux, trois, quatre, cinq... est une simple suite de mots ordonnés qui se chargent de multiples significations lors de l'apprentissage. Dans le cadre de l'interprétation liée au contexte auquel l'élève est confronté et en fonction des connaissances acquises, cette suite de mots peut porter aussi bien des significations structurales que des significations fonctionnelles.

Parmi d'autres, on peut citer trois significations structurales, effets de l'expérience et de l'apprentissage : un, deux, trois, quatre, cinq... peut être interprété comme une liste d'éléments non isolables, ou comme une progression qualitative (plus on avance dans la liste, plus la quantité croît), ou encore comme une progression quantitative (la mesure de l'accroissement est un, le nombre qui suit s'obtient en ajoutant un).

Dans le cadre de l'interprétation des situations (par exemple, des situations de dénombrement), ces significations structurales peuvent se combiner à des significations fonctionnelles : un, deux, trois, quatre, cinq... peut avoir une fonction de routine (reconnaissance de sa pertinence globale à la situation), une fonction primitive (amorce d'une procédure heuristique, c'est-à-dire d'une voie prometteuse) ou encore une fonction procédure (reconnaissance comme moyen efficace à la résolution du problème posé). L'apprentissage consiste à créer des associations mentales entre la comptine numérique orale et les types de situations où son utilisation est nécessaire ou pertinente, puis, dans le cadre de chaque situation, à enrichir cette suite de mots de significations et à permettre leur mise en réseau.

Dans l'accomplissement des actions de dénombrement (pour répondre à la question : « Combien y en a-t-il ? »), en égrenant les mots un, deux, trois, quatre, cinq... au fur et à mesure du pointage des éléments, l'élève contrôle son action et la comptine numérique se charge de plusieurs significations :

les éléments sont isolables et désignent chacun un élément, une fois nommé un élément ne doit pas être recompté, etc. Le dernier mot prononcé prend dans ces situations une signification particulière, puisqu'il représente également la collection. La suite de mots devient donc à son tour un objet à analyser : le dernier mot prononcé n'a pas le même statut que les autres.

Pour comparer des quantités en présence des collections, deux types de procédures peuvent, selon le contexte, être mis en œuvre : une procédure de correspondance terme à terme ou une procédure numérique de comparaison des deux nombres résultats des dénombrements. Dans ce dernier cas, l'élève devra replacer les mots de nombres dans la suite ordonnée. Il devra donc analyser la suite numérique (interprétée primitivement comme une progression qualitative globale) et inférer qu'un nombre qui vient après un autre est plus grand. Dans cette tâche de comparaison de quantités, l'élève utilise donc la suite des mots de nombres en lui attribuant, dans le cadre de chacune des tâches, des significations différentes à la fois globales et locales où l'attention et l'intention portent tour à tour sur les collections concrètes ou sur la suite elle-même. Enfin, lorsque l'élève peut mobiliser la suite des écritures de nombres en associant les mots de nombres aux écritures chiffrées (s'il dispose, par exemple, d'une bande numérique), il pourra disposer d'un support visuel pour repérer le nombre qui vient après et déterminer le nombre le plus grand, donc la quantité la plus grande. Dans ce cas, c'est cette suite des écritures de nombres qui devient à son tour objet interprétable.

La liste des significations associées à chaque nombre en tant qu'appartenant à la classe des nombres entiers et en tant que nombre particulier est telle que le parti pris didactique qui consiste à étudier les nombres un à un ne peut qu'appauvrir de manière considérable les apprentissages. Faire étudier, par exemple, les nombres un à un en prenant presque exclusivement comme supports des représentations iconiques ensemblistes empêche toute constitution de sens. La question du sens et de la signification est donc centrale du point de vue :
– du fonctionnement de la pensée, qui se fonde sur des systèmes cognitifs de représentation et de traitement qui portent les significations ;
– de la tâche dans le contexte d'apprentissage ;
– des objets mathématiques qui sont des principes de cohérence (des structures de sens).

La pensée mathématique est nécessairement associée au développement et à la diversification de systèmes sémiotiques de représentation. En mathématiques, l'invention n'est pas vraiment du côté des objets mathématiques qui se dévoilent plus qu'ils ne se construisent, mais bien plus du côté des registres sémiotiques qui permettent non seulement l'accessibilité cognitive et épistémique aux objets, mais qui comportent des indices facilitant la saisie des significations et les prises de décision dans l'activité. Chaque registre permet d'expliciter certains aspects de l'information sur laquelle porte la signification. La mise en relation de différents registres est porteuse de sens : c'est, dans ce cas, la traduction qui produit le sens. Les voies d'accès aux objets mathématiques sont sémiotiques.

L'être humain utilise des signes pour communiquer avec ses semblables. Les signes servent à coordonner l'action collective et à harmoniser les motivations individuelles. La langue, les écritures mathématiques, la gestuelle, les mimiques, mais aussi la musique, la peinture sont des modes de signifiés. Les signes sont des entités fondamentalement dynamiques. Significations et processus d'inférence se déroulent dans et au travers du signe et se stabilisent (temporairement) dans les usages sociaux. **Apprendre à interpréter des signes** pour agir et pour ressentir est certainement la clé de voûte des apprentissages, y compris des apprentissages numériques.

55

Les modes et les situations d'apprentissage

La motivation, moteur de l'apprentissage

La première tâche de l'enseignant consiste à créer un climat de confiance qui suscite chez chaque élève le désir de connaître, de chercher, de trouver, de s'approprier le monde environnant et celui des adultes. L'enfant doit se sentir engagé dans un projet d'apprentissage défini par l'école, doublé d'un projet de construction personnelle. La motivation de l'élève est dépendante de sa réussite. Un élève qui, continûment, échoue « cognitivement » se retrouve vite en difficulté affective. Le rôle de l'enseignant consiste à l'encourager et à recréer un processus de réussite. À l'école maternelle, l'enseignant doit signifier quasi quotidiennement à chaque enfant ses progrès. En théâtralisant les réussites, en proposant des défis réalisables et des tâches adaptées aux connaissances de chaque enfant (voir le jeu du trésor, p. 113), en intervenant par petites touches pour aider à surmonter les difficultés, l'enseignant permet à chaque élève de prendre conscience de ses acquisitions. Cette évaluation formative permet à l'élève de contrôler ses progrès, plus que de se comparer aux autres.

La conception socioconstructiviste de l'apprentissage

Dans le cadre d'une conception pleinement socioconstructiviste, le rôle de l'enseignant consiste tout d'abord à mettre en place des étayages cognitifs et affectifs. C'est tout d'abord en proposant aux élèves des situations didactiques appropriées et diversifiées en rapport avec les objectifs visés que l'enseignant se donne les moyens d'un étayage cognitif pertinent. Par ailleurs, l'enseignant intervient, en cas de besoin, pour aider les élèves à réaliser les tâches ou à reformuler leurs propositions avec plus de précision. La sollicitation permanente des élèves, en particulier concernant des demandes d'explicitation, est un moteur de l'apprentissage à condition que l'enseignant ne fournisse pas les réponses aux questions. Les étayages affectifs consistent à encourager, à motiver, à procéder à des renforcements positifs.

Dans ce même cadre socioconstructiviste, l'enseignant favorise les interactions entre pairs (dans le cadre du groupe-classe ou de petits groupes). Alain Pierrard[1] distingue plusieurs types d'interactions :

1. A. Pierrard, *op. cit.*

– la reproduction (l'élève fait comme un autre élève sans se soucier de la particularité de la tâche);
– l'imitation (l'élève s'approprie la procédure d'un autre élève, mais l'intègre et l'adapte à sa propre situation);
– l'aide (un élève indique à un autre comment il pourrait faire);
– la tutelle (un élève plus expert explique à un autre comment il pourrait faire);
– la coélaboration (des élèves sont confrontés à la même tâche, partagent le même matériel et doivent faire une production commune);
– le conflit sociocognitif (les élèves confrontent leurs représentations, leurs conceptions, ce qui peut leur permettre d'enrichir, de dépasser ou de remettre en cause leurs propres conceptions).

Ces interactions ne s'exercent pas uniquement dans le cadre d'un apprentissage par résolution de problèmes.

Élisabeth Bautier et Yves Rochex soulignent qu'il y a souvent méconnaissance de la nécessité d'enrôler les élèves dans la tâche et de travailler explicitement à en faire reconnaître l'enjeu cognitif et d'apprentissage à long terme. « Certains modes de faire enseignants pécheraient par sous-ajustement didactique, les élèves étant confrontés à des tâches et à des situations trop ouvertes, à des contrats et des milieux didactiques trop flous et trop larges, pour le traitement desquels les plus démunis d'entre eux ne peuvent mobiliser que leurs expériences premières du monde, sans pouvoir disposer ou faire usage d'aides ou de critères leur permettant de redéfinir les tâches de manière pertinente. D'autres pécheraient au contraire par sur-ajustement aux difficultés et aux caractéristiques des élèves, en ce qu'ils conduisent, par souci de faciliter leur réussite et de préserver leur image de soi, à leur proposer des tâches simplifiées à l'excès, morcelées et ne faisant appel qu'à des compétences cognitives de bas niveau et à des situations fermées dans lesquelles l'activité des élèves est pour l'essentiel déterminée et contrôlée de l'extérieur, par les procédures et les consignes et/ou par l'enseignant.[1] »

Les situations didactiques à la maternelle

C'est pourquoi, à la maternelle, plusieurs situations didactiques doivent étayer les apprentissages mathématiques :
– des situations qui permettent, par un jeu de variables didactiques appropriées, l'appropriation en interaction de savoirs, de savoir-faire et d'attitudes nécessaires à l'acquisition des compétences;
– des situations qui permettent d'ancrer des significations précises d'un objet ou d'une tâche;

1. É. Bautier, Y. Rochex, « Activité conjointe ne signifie pas significations partagées », *in Situation éducative et significations*, De Boeck, 2002.

– des activités rituelles, qui ne doivent pas être conçues comme de simples exercices répétitifs ;
– des situations fonctionnelles qui permettent de réinvestir les connaissances dans le cadre de problèmes liés à la vie de la classe. Il s'agit de faire vivre aux élèves des expériences qui leur permettent de mobiliser et de mettre en relation leurs connaissances et de réinvestir leurs savoirs. Ces activités permettent de leur faire prendre conscience que les mathématiques sont utiles et donnent un pouvoir sur le monde ;
– des activités qui structurent les connaissances ;
– des activités qui permettent aux élèves de mettre en œuvre des attitudes de recherche. Ces situations permettent de promouvoir la pensée et le développement du raisonnement inductif (recherche de procédures, construction de stratégies de résolution) ;
– des activités de mémorisation ;
– des situations d'évaluation qui s'apparentent plutôt à des situations de validation personnelle.

Ces activités permettent de placer l'élève dans un processus de développement/apprentissage. Chaque situation doit être proposée dans la zone d'apprentissage de chaque élève (appelée « zone proximale de développement » par le psychologue Vygotsky), c'est-à-dire être réalisable personnellement avec l'aide de l'enseignant et des pairs.

Comme le souligne Blandine Brill, tout apprentissage doit être défini « en faisant référence non seulement à l'objet d'apprentissage, mais aussi au rôle du contexte dans la mise en œuvre des processus cognitifs, à l'organisation sociale de l'apprentissage, à la valorisation socioculturelle des savoirs, savoir-faire et compétences.[1] » L'enseignant doit concevoir la situation éducative comme lieu majeur de construction de significations selon trois pôles :
– le pôle de l'élève qui construit ses connaissances ;
– le pôle des médiations éducatives (significations des relations entre partenaires : enseignant, élèves pairs, intervenants, parents, etc.) ;
– le pôle de la culture scolaire qui intègre l'élève dans une communauté plus large.

Une situation d'apprentissage doit donc être définie en relation avec les connaissances des élèves et leurs possibilités d'apprentissage et de développement. Elle doit préciser les types d'interactions (enseignant/élèves, élève/élèves) à mettre en œuvre. Elle doit s'insérer dans le cadre des Instructions officielles (objectifs de compétences, de savoirs, d'attitudes fixés

1. B. Brill, descriptif du séminaire EHESS : « Apprentissage, cognition et contexte », 1992.

par les programmes). En fonction de ses buts, de ses ressources et de son travail d'interprétation de la situation, l'élève doit pouvoir construire les significations des objets corrélativement avec celles de la situation. L'apprentissage – et donc l'acquisition de nouvelles capacités – ne peut advenir qu'au cours d'un processus de participation de l'élève à une communauté de pratiques (normes, valeurs, attitudes, savoirs). De plus, chaque objet d'enseignement a une signification qui résulte notamment de son mode d'insertion – historique et synchronique – dans le système éducatif : cela implique la nécessité d'une reconstruction par l'élève des significations culturellement déjà là en vue de leur appropriation. En tout état de cause, les apprentissages ne sont efficaces que s'ils débouchent sur des structurations.

Différentes approches théoriques de l'apprentissage

Plusieurs théories ont inspiré la conception de l'organisation des apprentissages proposée dans cet ouvrage.

L'approche behavioriste

Elle montre l'importance de l'instauration de rituels pour stabiliser des comportements propices aux apprentissages. En revanche, un enseignement limité simplement à l'apprentissage d'associations stimulus-réponse est totalement inopérant.

L'approche piagétienne

Piaget montre l'importance de la mise en œuvre de situations transformables, propres à être exploitées par l'élève qui acquiert des compétences par son activité interne (mentale) et externe. Une situation doit permettre des transformations, l'émergence de significations, l'exercice d'une compétence. Elle doit être adaptable au niveau de maturité, aux objectifs d'acquisition, au projet de l'élève. Elle doit être maîtrisable en son organisation (temps, espace et progression). Les élèves doivent pouvoir explorer la situation, découvrir du déjà connu et du non connu, inventer une solution pour l'inconnu, expérimenter et corriger, réfléchir sur les résultats et la façon de les obtenir, réorganiser leurs connaissances et leurs méthodes en fonction des nouveautés apprises. Ils doivent pouvoir transformer la situation selon le pluralisme des procédures, la recherche des procédures les plus efficaces et les plus économiques. La réponse (ou le résultat) doit être autant extérieure (situation transformée) qu'intérieure (développement de l'élève).

L'approche de la psychologie cognitive moderne

Elle montre que les sujets apprennent selon différents modes d'apprentissage par :
– modification de la perception et des processus d'encodage de l'information (exploration visuelle, discrimination perceptive, etc.), mais surtout par augmentation du nombre et de la qualité des significations prélevées et des possibilités de mise en relation de ces significations ;
– modification (étroitement dépendante de l'appropriation de registres sémiotiques) des représentations d'une situation ;
– modification des unités de stockage de l'information en mémoire ;
– augmentation et réorganisation des savoirs et des connaissances (par exemple, transformation d'une connaissance procédurale implicite en connaissance déclarative explicite) ;
– modification de procédures de résolution (changement pour une procédure plus efficace ou par compactage de règles permettant une meilleure efficacité ou une plus grande rapidité) ;
– acquisition de stratégies de résolution ;
– émergence et acquisition de règles de transformation, d'inférence, de correspondance au sein d'un même contenu de la représentation ou entre contenus différents ;
– émergence et modification de procédures de vérification et de contrôle.

C'est par sa participation active aux situations d'apprentissage que l'élève se constitue des réseaux de significations portées par ces représentations qui se nouent progressivement en structures de sens.

L'approche des sciences cognitives

Elle montre que l'apprentissage n'est pas un processus d'accumulation des représentations de l'environnement, mais un processus de transformation du comportement à travers un changement de la capacité du système cognitif neuronal et synaptique à procéder à des synthèses. Les apprentissages s'effectuent également par des processus d'émergence et de structuration de significations, processus que l'enseignant peut favoriser par une organisation des apprentissages selon des activités très diversifiées, mais qu'il ne peut totalement contrôler. La constitution de configurations synaptiques (la mise en configurations de synapses s'opère par suppression d'autres synapses et permet les phénomènes de reconnaissance) et les câblages neuronaux dans le cerveau des élèves sont évidemment incontrôlables, mais bien réels !

Les différents types de mémoires

Les apprentissages s'effectuent par l'exercice de différents types de mémoires en interaction.

L'importance des contraintes mnésiques

Le psychologue Michel Bernoussi montre l'importance des contraintes mnésiques dans la connaissance des faits numériques et dans l'activité numérique[1]. Comment les connaissances sont-elles stockées en mémoire et comment les processus mentaux opèrent sur ces connaissances sont deux questions centrales. Le sujet peut être considéré comme un système qui encode, stocke et récupère de l'information. Ce système dépend d'un ensemble de contraintes structurelles et fonctionnelles qui déterminent les capacités de stockage et de traitement. Ces contraintes ont un rôle plus important quand le système est lui-même en développement. Dans ce cas, il est à la fois limité par les contraintes mnésiques qui agissent sur ses capacités qui elles-mêmes évoluent, mais aussi par son niveau de développement, de compétence, d'habileté et de connaissances. Les élèves de l'école maternelle sont avant tout limités par leurs capacités de traitement et par un stock encore limité de connaissances.

Les contraintes de l'espace de traitement concernent les relations entre charge mentale et maintien de l'information dans le cadre de la mémoire de travail. Cette dernière est définie par un système qui a essentiellement deux rôles : le maintien temporaire et la manipulation de l'information pendant la réalisation d'un certain nombre de tâches.

L'espace de traitement comporte trois composantes :
– une composante centrale (appelée « administrateur central »), sous-système responsable du déclenchement des processus mentaux qui permettent la prise de décision et la récupération de l'information à long terme. L'administrateur central contrôle l'attention et supervise le fonctionnement de deux composantes auxiliaires ;
– l'une des composantes auxiliaires est la boucle phonologique (ou articulatoire). Elle est composée d'un espace de stockage qui permet de maintenir l'information pendant une durée très courte et d'un espace de traitement associé à un processus qui permet la lecture des informations contenues dans l'espace de stockage ;
– la seconde composante auxiliaire est le calepin visuo-spatial, particulièrement destiné au maintien des informations imagées et spatiales.

1. M. Bernoussi, « Contraintes mnésiques et développementales dans la connaissance des faits arithmétiques », *in* J. Bideaud, H. Lehall (sous la dir. de), *Le Développement des activités numériques chez l'enfant*, Hermès science publications, coll. « Traité des sciences cognitives », 2002.

Les contraintes de traitement qui articulent mécanismes de stockage et mécanismes de traitement sont fondées sur l'activation. L'activation permet non seulement le maintien d'un élément en mémoire mais aussi les traitements, puisque la manipulation des informations est liée à leur niveau d'activation. Les mécanismes de maintien et de traitement s'insèrent dans un processus dynamique qui nécessite une bonne gestion de la quantité disponible d'activation. Le dépassement de cette quantité conduit à des interférences entre les demandes de stockage et les demandes de traitement. Ces interférences entraînent à leur tour soit un ralentissement du traitement, soit un oubli.

Les contraintes sont issues du traitement lui-même et la mémoire de travail est associée à une partie de la mémoire à long terme. Celle-ci est conçue comme un réseau associatif, comportant un ensemble de nœuds associés entre eux. Chaque nœud dispose d'un seuil d'activation qui lui est propre. En fonction du traitement à effectuer, certains nœuds vont être activés et, du coup, intégrer la mémoire de travail. L'activation diffuse alors les nœuds qui lui sont associés, et qui ne sont pas tous pertinents pour la réalisation de la tâche. Les éléments non pertinents pour la réalisation de la tâche agissant comme des interférences, la charge mentale devient alors le résultat d'un rapport entre les éléments pertinents et non pertinents, mais aussi entre les mécanismes d'activation et d'inhibition.

L'une des contraintes mnésiques du système cognitif est la limite de la capacité de la mémoire de travail, qui ne peut stocker qu'un faible nombre d'unités et pendant une courte durée. Face à une tâche, un sujet cognitif active, grâce à une énergie mentale, un ensemble de schèmes impliqués dans cette tâche qui vont être intégrés en mémoire de travail. À ce niveau, deux contraintes s'exercent sur le système cognitif. La première est le rapport entre le nombre de schèmes pertinents et non pertinents qui doivent être inhibés. La seconde concerne le nombre de schèmes que le sujet peut activer simultanément pour une même opération. Cette capacité augmente avec l'âge, elle correspond à une unité à l'âge de trois ans et évolue progressivement pour atteindre sept unités à l'âge de 15 ans. L'enfant scolarisé à la maternelle dispose d'une mémoire de travail d'une capacité restreinte. Deux facteurs semblent rendre compte du développement de la mémoire de travail avec l'âge : l'augmentation des capacités attentionnelles et la vitesse et la durée du maintien. Ces deux facteurs seraient dus à une meilleure gestion des ressources entre le traitement et le stockage.

Les situations d'apprentissage doivent, d'une part, favoriser l'activation qui relie les mécanismes de stockage de l'information et les mécanismes de traitement dans l'action (récupération et activation des significations en relation avec la mémoire de travail) et, d'autre part, permettre le développement de la mémoire à long terme.

Les apprentissages doivent modifier les différentes unités de stockage de l'information en mémoire :
– les structures de liste qui se modifient par création, suppression et modification de leur hiérarchie (l'apprentissage de la comptine numérique est un exemple) ;
– le réseau sémantique qui se modifie par création de nœuds et d'associations, modification de la force de ces associations, modification des convergences et restructuration du réseau. C'est ce qui est en jeu dans la création de réseaux de significations ;
– le système de production qui se modifie par création de règles d'inférence, de correspondance, de transformation, par compactage (automatisation) et décompactage de règles, par modification de leurs conditions d'emploi. Confrontés à des tâches de sériation, les élèves passent progressivement de procédures tâtonnantes à des procédures mettant en œuvre une logique structurée ;
– les schémas et les scripts qui se modifient par émergence et par construction, lors de leur instanciation par extraction de propriétés et détection de nouveautés. L'évolution d'une situation didactique par modification des variables favorise la création et la modification de ces schémas (assimilation, accommodation chez Piaget) ;
– les stimuli-réponse qui se modifient par association, répétition, modification de la force des associations, par généralisation et par différenciation.

56

Permettre la maîtrise des compétences par l'acquisition de savoirs, de savoir-faire et d'attitudes

Une compétence, c'est la capacité à mobiliser et à articuler un ensemble de savoirs, de savoir-faire et d'attitudes pour accomplir une catégorie de tâches dans différents contextes. Pour l'enseignant, il s'agit de mettre en œuvre des situations qui visent l'appropriation de savoirs, de savoir-faire et d'attitudes (objectifs de savoirs, de savoir-faire et d'attitudes liés à une séquence d'apprentissage) nécessaires à la maîtrise de la compétence, mais aussi des situations susceptibles de faire vivre aux élèves des expériences qui suscitent l'interaction de leurs connaissances et le réinvestissement des savoirs acquis (objectifs de compétences). C'est ce que propose cet ouvrage dans la première partie.

Connaissances et savoirs

Les connaissances sont des **représentations mentales**. Elles s'appuient sur les systèmes de représentation et de traitement du sujet. Comme il ne peut y avoir de représentations que par les conduites qui les établissent et les font fonctionner, les connaissances, stockées en mémoire à long terme, doivent être activées pour être efficientes. Une connaissance ne peut être attestée que par des actions réalisées par le sujet, accompagnées ou non de formulations langagières (orales, écrites). Des décisions issues de connaissances manifestent une certaine régularité. S'il n'y a pas de régularité, les décisions sont alors le fruit d'une opportunité ou du hasard et non d'une connaissance. Une connaissance peut être implicite ou explicite. Pour les élèves de l'école maternelle, les connaissances restent en général implicites (notamment les connaissances procédurales) faute de demandes d'explicitation. L'enseignant doit donc mettre en place des interventions qui permettent de telles explicitations.

« Lorsque le sujet reconnaît le rôle actif d'une connaissance sur la situation, pour lui, le lien inducteur de la situation sur cette connaissance est irréversible : il sait. Une connaissance ainsi identifiée est un savoir, c'est une connaissance utile, utilisable; dans ce sens elle permet d'agir sur la représentation.[1] » Le savoir peut être considéré comme une connaissance utile, c'est-à-dire repérée par le contrôle du sujet sur son expérience. Un savoir est une connaissance qui acquiert un statut particulier grâce à l'établissement d'une certitude. Cette certitude nécessite une prise de décision à partir d'arguments dans un système de validation, c'est-à-dire dans un processus de véridiction.

À l'école maternelle, ce sont essentiellement les faits qui fournissent la preuve à l'élève, car la logique des enfants de cet âge, qui n'est qu'une prélogique, n'est pas toujours fiable. Si, par exemple, ils peuvent mettre en œuvre des règles syntaxiques de déduction comme la transitivité de l'inférence (A alors B et B alors C implique A alors C), ils échouent souvent à coordonner leurs jugements. Un enfant de cinq ans peut affirmer que « Plus on va vite plus on va loin », que « Plus on va loin plus on met de temps » et, qu'en conséquence, « Plus on va vite plus on met de temps ! » La validation par les pairs, ou le renforcement par l'enseignant de l'amorce d'une certitude chez l'élève, est un élément supplémentaire qui le conforte et le rassure.

Les différents types de savoirs

Il existe plusieurs types de savoirs. Les mathématiciens établissent les preuves de faits mathématiques, qui, dans un premier temps, ne sont que des conjectures grâce à des démonstrations qui se fondent sur les règles de la logique mathématique. La certitude de ces faits nécessite la validation de ces démonstrations par la communauté des mathématiciens. Si aucune erreur n'est repérée, cette institution prend la décision de leur donner un statut de vérité. Ces faits, ces théorèmes viennent rejoindre le corpus des savoirs de l'institution formée par les mathématiciens. On parle de **savoirs savants**.

Dans une classe, lorsque les élèves établissent les éléments de la certitude d'un fait, de l'efficacité d'une procédure, à partir d'arguments et (ou) par rétroaction du milieu, support de la mise en œuvre de la connaissance visée, cette connaissance acquiert le statut de savoir commun. On peut parler de **savoir de la classe**. Toutefois, seul l'enseignant est habilité à donner un statut culturel plus large à un savoir établi par la classe, en particulier en ce qui concerne son utilité ou son importance future dans la construction de nouveaux savoirs. Il replace alors ce savoir dans l'ensemble des savoirs à acquérir à l'école. Mais sa constitution dans une classe ne correspond pas nécessairement avec sa maîtrise par tous les élèves.

1. F. Conne, « Savoirs et connaissances », *in Recherches en didactique des mathématiques*, n° 12-3, La Pensée sauvage.

Ce qui est en jeu dans les apprentissages, c'est la **constitution des savoirs privés** de chaque élève. Un savoir doit être le résultat d'un processus personnel qui se conclut par une certitude (par rétroaction d'un ou de plusieurs milieux matériels, en relation avec des arguments, par un raisonnement), avec ou sans l'aide de partenaires (élèves pairs, enseignant, etc.). La simple formulation par l'enseignant d'un savoir déjà institutionnalisé par l'école ou par une communauté plus large, sans qu'il soit établi en situation par les élèves, n'est évidemment pas suffisante pour que ce savoir devienne savoir privé. Dans ce cas, l'élève doit soit en reconstruire lui-même la certitude (dans le cadre d'une situation adéquate), soit comprendre les mécanismes de l'établissement de cette certitude par d'autres (dans le cadre d'interactions avec les pairs).

Comment enseigner les savoirs numériques ?

À l'école maternelle, il existe deux voies pour permettre aux élèves de constituer leurs savoirs numériques :
– la première consiste à leur proposer des situations adaptées qui définissent des tâches précises et dont la réussite nécessite à la fois la mobilisation de connaissances déjà mémorisées et mobilisables, ainsi que l'acquisition des savoirs, des savoir-faire ou des attitudes visés. Pour l'élève, l'objectif est de réussir la tâche, mais l'objectif de l'enseignant est bien l'acquisition et l'opérationnalité de ces savoirs ;
– la seconde consiste à permettre aux élèves, toujours dans le cadre de situations motivantes, à interroger les mathématiques déjà là et qui se sont inscrites dans les registres sémiotiques, et leur permettre de dévoiler le sens constituant de ces registres du langage mathématique (langue orale, écritures mathématiques, etc.) par dévoilement des significations constituées au cours de l'histoire et qui y ont inscrit leur trace (notamment pour la compréhension du système de numération oral et écrit).

La démarche d'apprentissage proposée dans cet ouvrage est une tentative d'articulation de ces deux voies complémentaires. Il s'agit d'une conception qui veut élargir la conception socioconstructiviste qui prévaut aujourd'hui dans les recherches en didactique. En effet, à la suite du didacticien des mathématiques Guy Brousseau, les études scientifiques privilégient essentiellement une démarche qui mène l'élève de ses connaissances antérieures vers de nouveaux savoirs et qui, une fois établis, sont institutionnalisés par l'enseignant : les savoirs sont établis par l'ensemble du groupe-classe, considéré comme une mini-communauté d'apprentis mathématiciens, puis institutionnalisés par l'enseignant qui leur donne un statut en les insérant dans une culture plus large. Les registres sémiotiques culturels ne sont introduits qu'après la mise en évidence des propriétés mathématiques visées et non étudiées dans leurs structures internes.

Pour qu'un savoir ait du sens, il doit être structuré en situation par la connaissance. Il doit pouvoir être réinvesti. Un savoir non réutilisé est un savoir qui meurt. Outre les situations didactiques construites pour favoriser l'acquisition de savoirs et de savoir-faire précis, il est nécessaire de leur associer des situations de jeux et des situations fonctionnelles pour permettre le réinvestissement, ainsi que des situations rituelles qui, parce qu'elles rassurent l'élève et qu'elles permettent à chacun d'avancer avec les autres, ont un rôle capital dans la stabilisation des savoirs et leur extension.

Un savoir non établi épistémiquement (c'est-à-dire par la pensée du sujet) ne peut être au mieux qu'une croyance, donc un savoir sans vie. Mais lorsqu'un sujet a acquis la certitude d'un savoir, il y croit et tout savoir devient à son tour une croyance. En proposant un questionnement ou une situation adaptée, l'enseignant doit intervenir pour que les élèves puissent rétablir la certitude de ce savoir, contrôler la connaissance en jeu, sous peine de perte de sens. De plus, si le sort de presque toutes les croyances est d'être remises en cause, il en est de même de la plupart des savoirs : c'est le cas notamment lorsque les élèves cherchent à étendre l'applicabilité d'un savoir à des contextes sur lesquels ils ne s'appliquent pas. Par le choix de situations, l'enseignant doit aider l'élève à vivre des cycles « croire, douter, savoir », inhérents à l'apprentissage et à la constitution de savoirs. Cette remarque est vitale car l'une des principales causes de l'échec en mathématiques provient de l'absence de gestion contrôlée des déstabilisations de savoirs chez les élèves.

57

Les situations didactiques construites *a priori*

Une situation didactique (relativement à un objectif de savoir) est une situation où se manifeste directement ou indirectement la volonté d'enseigner d'un enseignant. Elle est définie par l'ensemble des relations pertinentes (explicites et/ou implicites) entre un élève (et généralement entre plusieurs élèves), un enseignant et un milieu mobilisé par ce dernier pour faire approprier un savoir ou des savoirs déterminés. Le terme de « situation » désigne l'ensemble des circonstances dans lesquelles se trouvent les participants (élèves, enseignant...), les relations qui les unissent à un milieu matériel, ainsi que l'ensemble des données qui caractérisent des actions ou une évolution.

Le **milieu** est constitué des objets (matériels, culturels, sociaux, humains) avec lesquels le sujet interagit dans une situation (en particulier les différents supports fournis ou mis à disposition de l'élève : les livres, les affiches, le matériel, les instruments...). La situation ne se réduit donc pas au milieu. Elle contient également les interactions des sujets avec la réalité. Cette remarque est importante car un même support donne lieu à des situations différentes en fonction des consignes, des objectifs visés, des interventions de l'enseignant, des interactions entre élèves, de l'évolution envisagée, et en particulier de la modification des variables de la situation. Le support ne détermine pas la situation.

Une **variable cognitive** d'une situation est un paramètre qui, suivant les valeurs qui leur sont attribuées, modifie la ou les connaissances nécessaires à la solution.

Une **variable didactique** est une variable cognitive dont la valeur est fixée par une décision de l'enseignant. La modification de la valeur de ces variables permet d'engendrer, à partir d'une situation :
– soit un **champ de problèmes correspondant à un même concept** mathématique. À partir d'un même milieu, par modification de quelques variables, il est possible d'aborder différents aspects d'un même concept, tant du point de vue de la signification que du point de vue des procédures (c'est le cas de la situation des boîtes à œufs, voir p. 84);

– soit **un éventail de problèmes correspondant à des connaissances différentes**. Ainsi, l'enseignant peut utiliser d'abord des valeurs ou des éléments correspondant à des connaissances acquises, ce qui permet à l'élève de comprendre le problème, puis modifier certains éléments de la situation pour lui faire affronter la construction d'une nouvelle connaissance (c'est le cas du jeu du trésor, voir p. 113).

La nature d'une variable didactique est donc d'être contrôlée par l'enseignant. Il lui est en revanche impossible de maîtriser toutes les variables cognitives. Une légère modification du support ou de la formulation de la consigne peut modifier les connaissances nécessaires à la résolution. Par exemple, lorsqu'un élève dénombre les éléments d'une collection selon une disposition des éléments *a priori* aléatoire, la tâche d'énumération des éléments peut être plus ou moins difficile sans que l'enseignant l'ait vraiment prévu. Dans ce cas, il s'agit d'une variable cognitive et non d'une variable didactique. Par contre, pour permettre un travail des élèves sur les procédures d'énumération, l'enseignant pourra donner à cette variable le statut de variable didactique : disposition des éléments en ligne, par paquets repérables ou plus aléatoire.

Cet ouvrage propose, dans le cadre de chacune des compétences du programme, une situation didactique évoluant sous l'effet de la modification de variables didactiques. Le milieu matériel reste fondamentalement le même, mais l'enseignant modifie les conditions de la tâche (par exemple, l'éloignement ou la suppression d'une partie du matériel), les relations entre les participants, le champ numérique, les registres à mettre en œuvre (constellations, représentations iconiques de collections, code oral ou code écrit des nombres)... Le processus de modification de ces variables est explicité au cas par cas tout au long de l'ouvrage.

58

Les rituels et les activités rituelles

Les différentes fonctions des rituels

La présence d'activités rituelles revêt une grande importance à la maternelle. Les rituels scolaires sont des cadres de fonctionnement collectifs qui se répètent dans le but de produire des effets psychiques durables chez les individus soumis à un ordre didactique. Il s'agit de mettre en place dans la classe un milieu consacré à la célébration du savoir (savoirs à enseigner tels que l'institution les considère). René Amigues et Marie-Thérèse Zerbato-Poudou ont mis en évidence quatre fonctions des rituels et des activités rituelles : sociale, chronogénétique et topogénétique, contractuelle et intégrative[1].

Une fonction sociale

Les rituels font œuvre d'acte d'institution (tant du point de vue d'un ordre social que d'un ordre mental) et d'acte de communication. Par leur efficacité silencieuse, ils permettent une distribution des places et des rôles des acteurs qui réduit la tension sociale et constitue des dispositifs cognitifs efficaces. Ce sont des cadres d'enseignement-apprentissage qui allient les contraintes d'ordre psychologique et d'ordre institutionnel. Le fonctionnement des activités rituelles permet l'adoption de postures, de gestes adaptés, d'attitudes conventionnelles propices aux apprentissages. Elles favorisent les rapports entre corps et esprit, affect et cognition : le partage des émotions unit les individus. Henri Wallon soulignait ainsi que « l'émotion est ce qui offre à l'activité mentale sa première étoffe. » Les rituels sont donc des cadres qui contiennent l'angoisse et rassure l'élève, qui permettent la prise de risque sans menacer l'intégrité.

Une fonction chronogénétique et topogénétique

« Qu'est-ce qu'il nous reste à faire ? Qu'est-ce qu'on va faire ? » Lors des activités rituelles, les élèves sont bien captifs de l'accomplissement temporel de l'action, ils s'inscrivent dans le temps didactique : non un temps qui passe, mais le savoir qui avance. Les apprentissages sont réglés par une

1. Voir R. Amigues et M.-T. Zerbato-Poudou, *Comment l'enfant devient élève : les apprentissages à l'école maternelle*, Retz, 2000.

chronogenèse. Les rituels définissent clairement les places respectives de l'enseignant et des élèves. L'élève doit montrer qu'il avance, comme les autres, avec eux. Les apprentissages s'inscrivent dans une topogenèse.

Une fonction contractuelle

Dans le cadre de ces rituels, la construction des savoirs s'établit dans et par l'accomplissement de l'action collective. Ils permettent d'établir un processus, reconnu par tous, qui règle les rapports entre l'intention de l'enseignant et celle des élèves, relativement à un objet de savoir (relation didactique). Mais les rituels doivent définir des contrats appelés à évoluer dans le temps sous l'effet des actions respectives de l'enseignant et des élèves. Génératrices de techniques de travail pour l'élève et d'habitudes collectives de travail pour la classe, les activités rituelles constituent une mémoire collective.

Une fonction intégrative

Les activités rituelles permettent la construction d'un savoir commun partagé par tous par extériorisation et objectivation des manières de faire, des techniques mises en œuvre. Dans le cadre des rituels, les activités collectives deviennent des routines de classe (des règles socialement reconnues) qui se transforment progressivement en schèmes d'action pour chaque élève. L'élève devient membre d'un collectif de travail. Devenir un élève, c'est apprendre avec les autres pour se construire soi-même. Dans un milieu de classe stable, l'enseignant propose à l'élève des situations qui le dépassent (c'est le cas des activités rituelles liées à l'apprentissage de la comptine numérique, qui donnent de surcroît un sens de continuité à l'apprentissage lorsque les élèves cherchent à connaître toujours plus loin le nombre qui suit).

Si l'enfant devient élève parce qu'il est enseigné et assujetti à une institution qui s'efforce de faire que les contraintes se transforment en ressources, si la classe est bien une organisation sociale qui construit un milieu de travail pour conduire une activité collective de construction de connaissances, si l'apprentissage est le résultat de l'intériorisation des normes sociales à travers l'activité de l'individu qui participe à ces pratiques, alors les rituels apportent les repères comportementaux nécessaires.

59

Les jeux mathématiques

Comme le souligne Alain Pierrard dans son ouvrage *Faire des mathématiques à la maternelle*[1], « Il est inutile de revenir sur l'importance du jeu chez les jeunes enfants : le jeu sous toutes ses formes – jeu d'imitation, jeu exploratoire et manipulatoire, jeux à règles... – participe de manière essentielle au développement affectif, social ou cognitif de l'enfant. » Puis citant Pauline Kergomard : « Le jeu, c'est le travail de l'enfant, c'est son métier, c'est sa vie. L'enfant qui joue à l'école maternelle s'initie à la vie sociale et l'on oserait dire qu'il n'apprend rien qu'en jouant ?[2] » Les programmes de l'école précisent que le jeu « est le point de départ de nombreuses situations didactiques proposées par l'enseignant. Il se prolonge vers des apprentissages qui, pour être plus structurés, n'en demeurent pas moins ludiques. » Reprenant à son compte la terminologie de Wallon et de Piaget, Alain Pierrard souligne encore que le jeu est d'abord jeu fonctionnel (en ce qui concerne l'activité sensorimotrice), puis jeu d'imitation et jeu symbolique (évocation d'objets absents, intégration de modèles sociaux), et devient jeu à règles. « À partir d'un certain âge, l'enfant sait qu'il joue. Mais, parce que le jeu représente une entrée dans la fiction, l'imaginaire, il permet à l'enfant de mettre à distance son réel et ainsi de l'élaborer sans risque excessif, de se confronter aux autres, sans enjeux immédiats. »

Différents types de jeux mathématiques

Parmi les jeux proposés dans cet ouvrage, on peut distinguer :
– des jeux associés aux situations didactiques principales et qui permettent aux élèves de réinvestir, de stabiliser et de développer les savoirs, les savoir-faire et les attitudes nécessaires à la maîtrise de la compétence visée ;
– des jeux qui s'inscrivent dans des pratiques sociales de référence (jeux de dés, jeux de cartes, jeu de dominos, jeu de l'oie, jeu de petits chevaux). Certains enfants sont déjà familiarisés avec ces jeux dans la sphère familiale, d'autres non. Si le choix de ces jeux est déterminé par le type de

1. A. Pierrard, *op. cit.*
2. P. Kergomard, *L'Éducation maternelle dans l'école*, Hachette, 1974 (1886 pour la première édition).

connaissances nécessitées par leur mise en œuvre, leur introduction dans le cadre de la vie de la classe permet de forger un capital culturel commun à tous les élèves quel que soit leur milieu social ;
– des jeux qui s'apparentent à des défis (faire le pari de réussir).

Ces jeux ont en commun d'être organisés autour d'un enjeu : celui de gagner. Il s'agit avant tout de jeux de hasard. Tout enfant peut gagner avec les moyens qui sont les siens. Seuls les défis peuvent mettre en œuvre la rapidité ou la réussite d'une performance.

La présence de l'enseignant ou d'un adulte (Atsem, assistants d'éducation...) est nécessaire à différents titres pour :
– que les règles du jeu soient respectées ;
– dynamiser la mise en œuvre et encourager chaque élève ;
– engager les élèves à expliquer leurs procédures, à anticiper la suite du jeu, et en particulier à prévoir les conséquences liées aux différentes possibilités de résultats du « coup » qu'ils s'apprêtent à jouer ;
– introduire, sans le montrer, une différenciation du questionnement en fonction des capacités de chacun et, dans le même ordre d'idées, pour modifier légèrement une règle du jeu (la simplifier ou la complexifier pour réduire ou étendre le champ des connaissances à mettre en œuvre) ;
– relativiser la défaite à un jeu de hasard.

Les jeux – dont l'enjeu est double : acquérir un savoir pour gagner – ont le défaut d'associer la réussite au jeu à la réussite scolaire. Cette catégorie de jeux, abondamment développée dans le cadre de la didactique des mathématiques, peut comporter un principe de double peine pour l'élève en difficulté qui en échouant cognitivement perd également la partie. Il est impératif que ces jeux soient proposés à des équipes d'élèves de niveaux hétérogènes.

60
Les situations fonctionnelles

Les situations fonctionnelles peuvent être ponctuelles ou rituelles si elles reviennent régulièrement sur une période relativement longue. Situation rituelle n'est toutefois pas synonyme de situation figée.

Voici quelques exemples, loin d'être limitatifs, de situations fonctionnelles :
– trouver le nombre d'élèves présents et le nombre d'élèves absents : déterminer le nombre de filles et le nombre de garçons absents, ainsi que le nombre d'enfants absents en tout (par exemple, à partir des étiquettes-prénoms);
– connaissant le nombre d'élèves présents et le nombre d'élèves absents et lors de l'arrivée ou du départ d'un enfant en cours de journée, déterminer ces nouveaux nombres;
– utiliser les écrits mathématiques additifs ou soustractifs pour coder des calculs effectués par manipulation, par utilisation d'une bande numérique ou par calcul lorsque les résultats sont connus;
– trouver le nombre d'enfants participant à une activité lorsque cette connaissance est nécessaire (par exemple, pour aller chercher un objet par enfant);
– partager de manière équitable un certain nombre de cartes entre les joueurs participant à un jeu;
– écrire la date en référence aux calendriers, aux écrits de la veille.

Rituelles ou ponctuelles, ces situations permettent une imprégnation quotidienne des savoirs et des connaissances numériques, une appropriation de savoir-faire très fortement contextualisés. Elles permettent aux élèves d'étendre leur pouvoir sur le monde environnant. Toutefois, pour les élèves, la finalité première n'est pas mathématique; elle est avant tout utilitaire ou fonctionnelle. Ces situations constituent également des expériences communes sur lesquelles l'enseignant peut s'appuyer pour construire des apprentissages. En Moyenne Section et en Grande Section, les écritures mathématiques permettent d'établir les traces de faits mathématiques associés à ces situations fonctionnelles (établissement d'une mémoire de faits de la classe). Les élèves interrogent alors spontanément ces écritures pour en comprendre l'organisation.

61
Évaluer

Les différents types d'évaluations

Sous la pression de l'institution, l'enseignant navigue souvent à vue dans une véritable « jungle » de l'évaluation. Il existe plusieurs types d'évaluations qui ont des fonctions différentes :
– l'évaluation **sommative** qui cherche à rendre compte d'une globalité de connaissances acquises à un moment donné du cursus scolaire ;
– l'évaluation **normative** qui cherche à situer les élèves par rapport à une « cohorte » ;
– l'évaluation **formative** qui permet à l'élève de se situer par rapport à un processus d'apprentissage ;
– l'évaluation **productive** qui se réfère aux productions des élèves ;
– l'évaluation **diagnostique** qui cherche à révéler les difficultés ou les lacunes des élèves à des fins d'actions et de réponses.

Mais les stratégies d'enseignement/apprentissage ne doivent pas être au service du seul processus d'évaluation et ce dernier doit être d'abord considéré comme un facteur de régulation de l'action pédagogique de l'enseignant. L'évaluation ne doit pas être confondue avec une fausse pratique du savoir. Les items visant à l'évaluation d'objectifs opérationnels précis sont très difficiles à mettre en place : les indicateurs sont souvent de mauvais indicateurs, sorte d'indices apparents de niveaux de réalité, en fait difficiles à observer. S'il n'y prend pas garde, l'enseignant peut très vite être prisonnier des modes d'évaluation qu'il met en place.

Toutefois, l'enseignant doit réfléchir à l'articulation de deux types d'évaluations et les mettre en œuvre :
– une évaluation formative des savoirs, des savoir-faire et des attitudes qui place l'élève dans un projet épistémique relatif à son développement personnel libre et nécessaire (exercices de validation personnelle) ;
– une évaluation des compétences (celles figurant dans les programmes) qui place l'élève en position d'acteur de la société dans un cadre déontique et obligatoire, celui de l'institution École (évaluation de fin d'année).

Le parti pris des auteurs de cet ouvrage est de proposer, pour chaque compétence, des items d'évaluation hiérarchisés à partir de modifications de variables. Ces items font référence aux milieux qui ont servi à l'appropriation des savoirs, des savoir-faire et des attitudes propres à la maîtrise progressive de la compétence et s'inscrivent dans la trame d'apprentissage proposée. Il s'agit donc davantage de situations de contrôle qui ont, pour les élèves, à la fois valeur d'évaluation formative mais également une valeur institutionnelle (en particulier vis-à-vis des parents).

L'évaluation plus complète d'une compétence devrait être appréciée sur le long terme, dans le cadre de multiples contextes, et devrait tester la capacité de l'élève à expliciter les savoirs et les savoir-faire relatifs à cette compétence, à les mettre en œuvre et à les réinvestir dans la résolution de problèmes. Mais il s'agit là d'une mission impossible si l'on souhaite effectuer cette évaluation de manière totalement objective. L'enseignant peut, en revanche, compléter les évaluations de contrôle par des observations effectuées dans le cadre de l'ensemble des activités. D'autre part, tenter d'évaluer des compétences par l'intermédiaire de fiches à compléter, déconnectées des activités vécues par l'élève, n'a pas de sens. Dans ces conditions, la tâche de l'élève consiste davantage à comprendre ce qu'on lui demande qu'à mettre en œuvre les savoirs et les savoir-faire liés à la compétence.

Le document d'accompagnement des nouveaux programmes de l'école primaire fournit également un repérage des compétences numériques que l'enseignant peut utiliser dans le cadre d'une évaluation formative et diagnostique.

Repérage des compétences numériques (annexe)

« Cette liste de compétences est inspirée de celle proposée par l'équipe de recherche en didactique des mathématiques de l'INRP (équipe Ermel). Publiée dans Apprentissages numériques et résolution de problèmes – CP (Éditions Hatier, 2000), elle est adaptable aux différents niveaux de l'école maternelle, notamment à la Grande Section.

1. La comptine numérique

Pour chaque enfant, il faut observer et noter les caractéristiques de la suite des noms de nombres qu'il est capable de réciter :

– jusqu'où la suite est-elle conventionnelle (c'est-à-dire correspond à l'ordre naturel des nombres sans ajout ni omission) ?

– jusqu'où la suite est-elle stable (c'est-à-dire sans changement d'une récitation à l'autre) ? Après une première récitation, le maître demande : "Peux-tu recommencer depuis le début pour que je puisse écrire ce que tu dis ?"

– quelles sont les erreurs qui apparaissent, telles que les omissions systématiques, ou les erreurs récurrentes ("vingt-neuf, vingt-dix, vingt-onze...") ?

– quel est, le cas échéant, l'effet de relance concernant les noms de dizaines ? (Suffit-il de dire "trente" à l'enfant qui s'arrête à 29 pour qu'il continue ?) Progressivement, chaque enfant doit savoir et pouvoir dire où il en est dans sa connaissance de la comptine numérique ;

– la suite peut-elle être récitée jusqu'à un nombre fixé à l'avance (avec arrêt sur ce nombre) ?

– la suite peut-elle être récitée à partir d'un autre nombre que un ?
– la suite peut-elle être récitée en "arrière" ?

2. La maîtrise du dénombrement

En demandant "Combien y a-t-il d'objets ?" dans une collection dont le cardinal est adapté au niveau de connaissance de la comptine, on peut observer si l'enfant a recours à un dénombrement, à une estimation globale ou s'il réagit autrement. Dans le cas d'un dénombrement, on peut observer la maîtrise ou non :
– de la synchronisation entre les gestes (prendre les objets, les déplacer, les pointer...) et la récitation de la comptine ;
– de l'organisation du dénombrement (les objets déjà comptés sont-ils bien séparés de ceux restant à compter ?) ;
– du principe cardinal (à la question "Combien y en a-t-il ?", l'enfant répond-il par le dernier nom de nombre énoncé ?).
Ce repérage des aptitudes au dénombrement peut être effectué en entretien individuel ou à l'occasion d'activités dans la classe (compter les présents, les crayons...).

3. La constitution d'une collection de cardinal donné

En demandant à un enfant de "donner n objets" pris dans une collection plus grande (le nombre n étant choisi à l'intérieur du domaine numérique où le dénombrement est maîtrisé, domaine qui a été repéré auparavant), on peut observer si l'enfant :
– s'arrête au terme du dénombrement des n objets en déclarant qu'il a terminé ;
– dénombre tous les objets de la collection jusqu'à épuisement des objets (ou de ses compétences !) ;
– s'aperçoit qu'il a oublié ce qui lui avait été demandé ;
– donne un tas sans dénombrer...
Ces observations peuvent être faites, par exemple, à l'occasion de distribution de matériel.

4. Le recours spontané au dénombrement

Il s'agit d'observer comment l'enfant procède pour construire une collection équipotente à une collection donnée sans que celle-ci soit toujours disponible.
Cette observation est réalisée en adaptant la taille des collections à la comptine de chacun. Il est préférable que cette observation soit faite en dehors d'autres observations sur les nombres afin d'éviter un possible conditionnement et de pouvoir s'assurer d'un recours spontané au dénombrement.
Il est indispensable que la consigne n'induise pas le moyen à utiliser. La question "Combien y en a-t-il ?" ou toute allusion au nombre ou au dénombrement sont à éviter.
On peut, par exemple, demander à un enfant d'aller chercher juste ce qu'il faut de jetons (il faut qu'il y en ait "juste assez, ni plus, ni moins" pour en placer sur chaque case vide d'un quadrillage.

5. Le successeur d'un nombre

En ajoutant un élément à une collection que l'enfant a déjà dénombrée et en lui demandant combien il y a d'objets, on peut repérer si l'enfant énonce directement le successeur du nombre précédemment trouvé ou s'il a besoin de recompter le tout.

6. La lecture des nombres

On présente des cartes avec les nombres de 0 à 20 (non rangés dans l'ordre) et on demande à l'élève de dire quels sont ceux qu'il connaît et de prendre la carte correspondante. On peut observer :
– les nombres qu'il sait lire dans ce domaine numérique ;
– les essais de recherche des cartes dans l'ordre (en s'appuyant éventuellement sur la récitation de la comptine) ;
– les graphies qu'il confond ;
– la façon dont il énonce les nombres à deux chiffres (pour 13 : "un-trois", "trois-un" ou même "vingt-trois"...).
Des occasions se présentent aussi dans la journée qui permettent d'interroger un enfant : calendrier, affichages numériques, nombres écrits sur un emballage, sur un livre...

7. Problèmes arithmétiques

Après avoir fait ajouter ou soustraire par l'enfant une petite quantité d'objets (de un à quatre) à une collection qu'il vient de dénombrer et sans qu'il puisse voir la collection obtenue, on lui demande de dire combien il y en a alors. On peut observer si l'enfant :
– énonce simplement l'un des deux nombres ;
– donne une réponse de la forme "cinq et deux" ;
– est obligé de recompter le tout (en s'aidant de ses doigts, par exemple) ;
– surcompte ou décompte à partir du nombre initial d'objets, mentalement, en s'aidant de ses doigts ;
– énonce directement le résultat. »

62
Les obstacles à l'apprentissage

Poursuivre sa progression d'apprentissage tout en l'adaptant aux difficultés observées chez les élèves nécessite, de la part de l'enseignant, une régulation permanente de son action pédagogique qui se fonde sur l'observation des réussites et des échecs.

Comment se manifestent les difficultés des élèves ?

Denis Butlen et Monique Pézard ont mis en évidence les causes essentielles des difficultés dans les apprentissages mathématiques[1].

1. Difficulté à capitaliser un savoir : les élèves en difficulté ont du mal à mémoriser le lexique, les différents codes, les liens existant entre eux, les règles qui opèrent sur ces registres.
2. Manque de confiance dans les connaissances anciennes : les élèves en échec n'ont pas confiance dans leurs connaissances et ont du mal à intégrer de nouveaux savoirs.
3. Effacement du lien entre le savoir et la situation d'apprentissage dont il est issu.
4. Découragement, lassitude et manque de motivation.
5. Manque de méthodes : les élèves en difficulté ne prélèvent pas toutes les significations nécessaires. Ils manquent de schémas globaux de reconnaissance de la situation.
6. Incompréhension du sens de la tâche.
7. Manque de conclusions par rapport aux situations.
8. Certains élèves ont des difficultés de socialisation et recherchent une relation privilégiée avec l'adulte.
9. Recherche systématique de règles répétitives : dès le début de l'apprentissage d'une notion, les élèves se construisent des règles de fonctionnement qui ont des domaines de validité restreints et n'arrivent pas à intégrer de nouvelles règles.
10. Difficultés à changer de point de vue, de cadre, de type de représentations, de registres.

1. D. Butlen, M. Pézard, « Situations d'aide aux élèves en difficulté et gestion de classe associée », *in Grand N*, n° 50, IREM de Grenoble.

11. Difficultés à oser essayer, à mettre en œuvre une procédure heuristique.
12. Problème d'expression et de lecture de la situation (prise d'informations, prélèvement de significations et conceptualisation).
13. Parfois un refus de l'intrusion de situations de la vie courante.
14. Image dévalorisée d'eux-mêmes.
15. Et, bien sûr, problème de maturité et de développement !

Pour résumer, un élève en difficulté est prisonnier de la situation ici et maintenant, a des difficultés à changer de cadre, de point de vue et de registre, fait appel au réel en consolidant le blocage, a du mal à se décentrer et s'intègre souvent mal au travail de groupe.

Comment prendre en compte les difficultés des élèves ?

Comment l'enseignant répond en général aux contraintes liées à une classe comportant de nombreux élèves en difficulté ? Il est souvent impliqué dans un cercle vicieux : celui de la simplification des situations et de la négociation à la baisse des consignes.

• Face à un élève qui :
– ne projette pas en terme d'apprentissage l'activité proposée ;
– n'arrive pas à prendre en compte tous les cadres intervenant dans une situation ;
– ne perçoit pas le problème dans sa globalité ;
– manque de méthode pour assumer seul la résolution globale du problème ;
– recherche des règles simples lui permettant de fournir une réponse quelconque.

• L'enseignant est amené à :
– simplifier le problème posé, souvent à la demande de l'élève ou bien par souci d'anticiper le risque d'échec (donc d'abandon) ;
– poser des questions intermédiaires dont la réponse ne demande pas de prise en charge du problème général ;
– concentrer son discours sur l'apprentissage de résultats sans significations ;
– réduire les situations à des répétitions des situations qui n'ont pas été menées à terme et dont on espère qu'elles seront enfin comprises.

La remédiation

Une remédiation doit s'appuyer sur divers modes d'intervention et ne pas se limiter au niveau individuel. Elle doit se construire autour de situations suffisamment complexes (pour donner du sens aux notions), mais pas trop difficiles pour ne pas démobiliser les élèves. Il est également nécessaire de s'appuyer sur les acquis des élèves et de les mettre en valeur.La remédiation doit commencer suffisamment tôt dans l'année car elle nécessite la mise en place de méthodes de travail différentes. Elle ne se limite pas aux seuls apprentissages mathématiques. Elle passe par l'aide individuelle, le travail en petits groupes de besoin homogènes (groupes de besoin dans le cadre d'une pédagogie différenciée), le travail en groupes hétérogènes, les échanges dans le groupe-classe. Elle doit être axée sur la motivation et la réussite. Enfin, une action de remédiation consiste moins à tenter de répondre à des erreurs ponctuelles qu'à proposer une nouvelle médiation du savoir.

Denis Butlen et Monique Pézard, précédemment cités, émettent cinq hypothèses pour tenter de réduire les difficultés :
1. Ce n'est pas en simplifiant que l'on apprend : l'apprentissage des mathématiques nécessite les passages d'une signification à l'autre et la structuration de réseaux de significations que ne favorise pas l'appel au réel.
2. Il est nécessaire d'intervenir sur le « comment on apprend les maths » par des interventions métamathématiques.
3. On peut concevoir des remédiations possibles à partir de jeux afin de redonner de l'attrait et de stimuler une volonté de gagner.
4. Il est nécessaire de garder un niveau d'exigence adapté à chacun.
5. Devant la difficulté à anticiper de certains enfants, il semble judicieux de développer des situations de mise en place d'une « mémoire collective » dans lesquelles il s'agit de repenser ce qui a été fait en termes de savoirs et donc de décontextualiser les notions étudiées précédemment quand on est amené à en reparler (en faisant procéder à des rappels des situations vécues).

Il convient essentiellement de :
– créer un climat de confiance, un environnement riche;
– développer les interventions auprès de chaque élève;
– développer des activités de familiarisation et d'imprégnation;
– rester toujours plus près du sens;
– chercher à faire prendre en compte la difficulté par le groupe.

Toutefois, c'est en visant la réussite de chacun que l'on se donne les meilleures chances de réduire les difficultés (voir le chapitre suivant sur la gestion de l'hétérogénéité). Il ne faut jamais oublier non plus que beaucoup d'obstacles sont créés par la démarche pédagogique de l'enseignant, par le choix de situations inadaptées à l'apprentissage ou qui ne prennent pas en compte les conditions de l'apprentissage.

63

La gestion de l'hétérogénéité

Prendre en compte l'hétérogénéité des élèves et mettre en place des dispositifs de différenciation doivent être au cœur de l'action pédagogique de l'enseignant.

La différenciation peut porter sur **l'organisation du groupe** : travail individuel autonome ou avec l'aide de l'enseignant (rôle d'accompagnement, d'étayage), travail en binôme homogène ou hétérogène pour favoriser l'interaction entre pairs.

La différenciation peut porter sur les **paramètres de l'action** (jeu sur les variables didactiques). Dans le cadre des apprentissages numériques, on peut donner des contraintes différentes adaptées aux besoins individuels et aux possibilités de chacun :
– possibilité d'utiliser ou non un outil (la bande numérique);
– proposer un dé avec des constellations à certains enfants, avec des écritures chiffrées pour d'autres;
– faire dépendre l'extension ou non du champ numérique en fonction des compétences de chacun (travail sur les grands nombres ou sur les nombres familiers);
– faire disparaître les dés une fois qu'ils ont été lancés pour éviter le surcomptage et favoriser l'apprentissage du calcul;
– limiter le nombre de déplacements pour reproduire un modèle (favoriser la mémorisation et l'organisation du prélèvement des informations);
– introduire la contrainte du temps;
– différencier les rôles (par exemple, celui du banquier et celui du client, voir p. 106).

Cette organisation permet de prendre en compte l'hétérogénéité dans le cadre d'une situation commune à tous. Elle n'exclut personne, elle intègre tous les enfants dans un projet commun et évite l'apparition d'une « hiérarchie scolaire ». Elle permet à tous les enfants de faire l'expérience de la réussite – expérience fondamentale pour un enfant qui, pour se construire, a besoin de jouir de la reconnaissance et de l'estime des membres de son groupe. Elle permet à chacun de progresser à son rythme à partir du niveau où il se situe. Elle favorise l'émergence de nouveaux savoirs par imitation et appropriation des procédures élaborées par d'autres élèves.

De plus, la mise en commun du travail fait apparaître que pour la résolution d'un problème, il peut y avoir plusieurs solutions. C'est un moment d'échange, de confrontation, d'opposition (certaines procédures peuvent être récusées), d'argumentation, de justification. C'est un moment qui apprend la tolérance en montrant la pertinence et la légitimité de procédures différentes tout en faisant apparaître le caractère relatif de certaines erreurs. C'est aussi un moment où l'on peut identifier ses erreurs, où l'on peut renoncer à une procédure longue et coûteuse pour en adopter une, plus experte, élaborée par un pair ou proposée par l'enseignant. **La différenciation porte en elle la richesse**.